U0114517

史學與文獻

東吳大學歷史學系／主編

臺灣 學生書局 印行

史學與文獻

東吳大學歷史學系 主編

臺灣學生書局印行

序

　　本（一九九七）年六月七日本系假本校外雙溪校區綜合大樓國際會議廳舉辦全國性「第一屆史學與文獻學學術研討會」，參加學者專家與社會人士極為踴躍。開幕典禮敦請得國史館館長潘振球先生蒞臨致辭；閉幕典禮則由本校劉源俊校長親臨致辭勗勉。會議共四場，邀請國內學者教授發表論文共九篇，每篇均由專家負責講評。講評後之發言相當熱絡，綜合座談之討論更有欲罷不能之勢。閉幕後主辦單位並設宴款待所有參加者。筵席間，學者專家或閒談生活瑣事，或繼續探討本次研討會之各論題。聚首一堂，觥籌交錯，賓主盡歡。

　　按東吳大學歷史學系舉辦「第一屆史學與文獻學學術研討會」，究其原因，計有三端：

一、就寬泛義來說，「文獻」一詞實與「史料」無別。然則研究歷史必以文獻為依據，這該是無人持異議的。然而，光有文獻不足以研究歷史，這亦是人所共喻的。史學理論、史學方法，以至對前人史學業績之瞭解（即史學史）等等可說構成歷史研究的另類基礎。於此可見文獻與史學同為歷史研究不可或缺的兩大要素。

二、過去好些年來，東吳歷史學系當了歷史學界的逃兵：較大型

的學術研討會和教學研討會都常常由其他大專院校的歷史學
系（所）肩挑主辦的重擔。東吳歷史學系以未能分擔歷史學
界同仁的辛勞而深感愧疚。

三、東吳歷史學系擬籌備成立之碩士班之發展方向係「史學與文
獻學」。為配合此未來擬發展的方向作一些相關的探討乃是
次舉辦研討會之另一原因。

　　國內學者專家支持、鼓勵、參予，並慨允發表論文、擔任講評
人或主持人是本次研討會得以舉辦的主因。此外，教育部顧問室及
本系系友廖忠俊先生之經費支援，更是功不可沒。主辦單位必須致
上最深之敬意與謝意。其他給予協助或貢獻意見者良多，恕不一一
列名申謝。

　　本次研討會結束後，主辦單位及與會來賓均認為須出版論文集，讓
會議精髓公諸同好。茲為求標題更醒目、精簡，論文集遂以「史學
與文獻」命名。本論文集能呈獻於各位讀者跟前，乃各論文發表者
惠允出版的結果。其中個別發表者力求完美，論文內容改動至多，
謂改動後已與論題原旨頗有差距，故不擬收入本論文集內云。是次
出版得《中國書目季刊》主編陳仕華先生鼎力幫忙，各講評人亦惠
予潤飾講評稿，都是我感激不盡的。本系助教涂麗娟小姐勇於任事
的態度也是本論文集順利出版的另一主因。

　　最後，必須代表本系向臺大教授劉廣定先生致上無限的敬意與
謝意。劉教授乃本系首任系主任劉崇鋐教授的侄孫，劉教授本身是
研究科學的，但對人文學科極表關懷。如果不是劉教授全力資助出

版費用，本論文集能否順利出版，那是不無疑問的。

　　茲代表本系同仁再次向上述各位女士先生表示最誠摯之謝忱。

黃兆強於東吳大學歷史學系辦公室

1997年10月21日

議 程 表

場次	時　　間	主持人	主講人		評論人
	08：15～08：45			報　　　　到	
	08：45～09：00			開　幕　致　辭	
第一場	09：00～10：45	杜維運	黃俊傑	儒家歷史敘述的特質：宋儒集體記憶中的聖王典範	古偉瀛
			劉靜貞	人物書寫的可能性——英國中學歷史教科書中的人物表現	林慈淑
			林慈淑	文學、歷史、傳記——論卡萊爾的史學	王芝芝
	10：45～11：00			茶　　　　敘	
第二場	11：00～12：15	昌彼得	莊吉發	故宮檔案的整理開放與清史研究	古鴻廷
			劉家駒	故宮文獻檔案之整理與分類	吳哲夫
	12：15～13：30			午　　　　餐	
第三場	13：30～14：45	黃富三	曹永和	臺灣史研究及其文獻資料	張炎憲
			吳密察	日本近代內閣檔案與「征台之役」研究	蔡錦堂
	14：45～15：00			茶　　　　敘	
第四場	15：00～16：15	張　元	陳三井	口述史料的採集及其價值	賴澤涵
			劉還月	文獻資料和田野資料的距離——以彰化地區客家族群的墾拓爲例	陳運棟
綜合座談	16：15～17：00	廖伯源	引言人：張芝聯、古偉瀛		
	17：00～17：15			閉　　　　幕	
	17：15～			晚　　　　宴	

史學與文獻

目　　錄

儒家歷史敍述的特質：
宋儒集體記憶中的聖王典範

黃 俊 傑
國立臺灣大學歷史系教授

一、前　言

　　1：1 這篇論文寫作的主旨在於論證：在儒家思想傳統（尤其是宋明儒學）中，歷史敍述常常是進行哲學論證的重要途徑。而且，所謂「歷史敍述」並不是以事件或事件群爲主體的敍述，而是以歷史人物（尤其是聖賢人物）的行爲與思想爲主體進行敍述。這些具有典範意義的歷史人物是儒家思想中的所謂「集體記憶」（collective memory）的重要組成部份，而以堯、舜、禹最爲儒者所稱道。這三位聖王的舉止與行爲，是歷代儒家（特別是宋儒）提出哲學論證時的重要參考架構。這種「即歷史以論哲學」的儒家思維方式，是中國文化中的「具體性思維方法」的一種表現，值得特別注意。

　　1：2 爲了對儒家這種特殊的論述方式進行較爲深入的探討，這篇論文以宋代儒家的歷史敍述作爲研究課題，全文的結構除了第一節「前言」之外，第二節探討宋儒的歷史敍述的內部結構的幾個特徵；第三節分析宋儒的歷史敍述中所潛藏的四項思想內涵；第四節

則對儒家「從歷史敘述提出哲學命題」的思考方式可能遭遇的若干
質疑加以探討，並嘗試針對此種質疑提出解答。第五節則綜合各節
論點，提出結論性的看法。

二、宋儒歷史敘述的幾個面向

　　宋代（960-1279）是中國史學的黃金時代，宋人歷史著作數量
超邁前賢，　❶歷史知識也遠較唐人豐富，唐詩中所用的典故大多
出自六經或《史記》，到了宋代由於印刷術的普及以及書籍的流通，宋
代知識份子的歷史知識大爲增加。❷整個宋代社會瀰漫著一種所謂
「歷史比較的心態」（"Historical analogism"）❸但是，宋代
也是理學興起的時代，朱子（晦庵，1130-1200）更將理學與史學融於
一爐而冶之。宋代儒家學者常常透過歷史敘述，以建構自己的哲學
命題。宋儒「即歷史以論哲學」的論述方式，展現以下三個突出面
向：（2：1）　宋儒的歷史敘述並不是以歷史事件或以事實群爲

---

❶　高國杭曾以《宋史》〈藝文志〉與《隋書》〈經籍志〉所收錄的史部書目作比
　　較，結果發現宋代史書的部數較《隋書》〈經籍志〉所見史書多出二倍半，而
　　《四庫全書總目提要》中收錄史部書共五百六十四部，二萬一千九百五十卷之
　　中，宋人著作就佔了總部的三分之一，總卷數的四分之一以上。參考高國杭，
　　〈宋代史學及其在中國史學史上的地位〉，《中國歷史文獻研究集刊》，第4
　　集（長沙：岳麓書社，1983年），頁126-135，統計資料見頁127。

❷　參考吉川幸次郎，〈宋人の歷史意識——《資治通鑑》の意義〉，《東洋史研
　　究》24卷4號（1966年3月），頁1-5。

❸　參考：Robert M. Hartwell, "Historical Analogism, Public Policy and
　　Social Science in Eleventh-and Twelveth-Century China," *American
　　Historical Review*, 76:3 (1971), pp.692-727.

主體，而是以具有典範性質的歷史人物（所謂 "Paradigmatic individuals"）如堯、舜、禹爲中心而展開論述；（2：2）這種透過歷史敘述以提出思想命題的方式，企圖從「特殊性」（particularity）邁向「普遍性」（universality），重新喚醒對「典範人物」的記憶以論證「典範人物」的行爲規範的普遍必然性，這是一種具有中國文化特色的「具體的普遍性」；（2：3）因此，宋儒歷史敘述中的「時間」概念取得了「超時間」（supra-temporal）之性質，而且也在「空間」上獲得延伸。

2：1 中國儒家解釋歷史常常以「三代」（夏、商、周）作爲黃金時代，他們常以回歸「三代」盛世作爲批導現世並指引未來的有力武器。❹更重要的是，宋代儒家對「三代」歷史的敘述實際上是集中在堯、舜、禹這三位典範人物身上，尤其集中在舜身上。遠在先秦時代，孟子就「道性善，言必稱堯舜」（《孟子·滕文公上·1》），尤其是舜的事蹟潛藏著許多儒家哲學問題，成爲宋儒「即歷史以論哲學」最好的參考個案。

2：2 宋儒以堯舜這種「典範人物」爲中心，進行歷史論述，但是，歷史敘述常常只是他們進行哲學思考的工具，他們喚醒或重現典範人物的事蹟與經驗的目的，在於論證典範人物行爲中所呈現的規範有其普遍必然性。試舉三例以概其餘：

---

❹　Chun-chieh Huang, "Historical Thinking in Classical Confucianism—Historical Argumentation from the Three Dynasties," in Chun-chieh Huang and Erik Zurcher, eds., *Time and Space in Chinese Culture* (Leiden: E.J. Brill, 1995), pp.74-85

2：2：a 北宋改革政治家王安石（1021-1086）與宋神宗（在位於
1067-1084）有以下一段對話：❺

> 一日，講席。群臣退，帝留安石坐曰：「有欲與卿從容論議
> 者。」因言「唐太宗必得魏徵，劉備必得諸葛亮，然後可以
> 有爲。二子誠不世出之人也。」安石曰：「陛下誠能爲堯舜、則
> 必有皋、夔、稷，誠能爲高宗，則必有傅說。彼二子，皆有
> 道者所羞，何足道哉。以天下之大，人民之衆，百年承平，
> 學者不爲不多。然常患無人可以助治者，以陛下擇術未明，
> 推誠未至，雖有皋、夔、稷，傅說之賢，亦將爲小人所蔽，
> 卷懷而去爾。」帝曰：「何世無小人，雖堯舜之時，不能無
> 四凶。」安石曰：「惟能辨四凶而誅之，此其所以爲堯舜也。若
> 使四凶得肆其讒慝則皋、夔、稷，安肯苟食其祿以終身乎。」

王安石認爲三代是王道流行的時代，後代統治者應以堯舜作爲取法
之標準，堯舜以下皆不足取法。王安石的對話中所說的誅除四凶的
事蹟，是指《尚書·舜典》所說：「流共工于幽洲，放驩兜于崇山，竄
三苗于三危，殛鯀于羽山，四罪而天下咸服」這一系列史實。王安
石在這段以史爲鑑的對話中，建議宋神宗的爲政之道是「人君必須
知人善任」。

2：2：b 北宋大儒程頤（伊川，1033-1107）討論舜之刑賞等史實
說：❻

---

❺ 《宋史》，〈王安石傳〉。
❻ 《二程集》（北京：中華書局新校標點本， 1981）〈河南程氏遺書〉，卷6，
　 頁3-7。

萬物皆只是一個天理，己何與焉？至如言「天討有罪，五刑
五用哉！天命有德，五服五章哉！」此都只是天理自然當如
此。人幾時與？與則便是私意。有善有惡。善則理當喜，如
五服自有一個次第與以章顯之。惡則理當惡，一作怒。彼自絕
於理，故五刑五用，曷嘗容心喜怒於其間哉？舜舉十六相，
堯豈不知？只以佗善未著，故不自舉。舜誅四凶，堯豈不察？只
爲佗惡未著，那誅得佗？舉與誅，曷嘗有毫髮廁於其間哉？
只有一個義理，義之與比。

程頤在這段歷史敍述中，所要提出的就是一條抽象的普遍原則：
「萬事只是一個天理」，他的論述方式與張載(橫渠，1020-1077)頗爲
近似。❼

　　2：2：c 朱子 (晦庵，1130-1200) 與學生討論舜之與一般人共同具
有之德行時，有以下一段對話：❽

或問：「大舜之善與人同何也？」曰：「善者天下之公理，
本無在己在人之別。但人有身，不能無私於己，故有物我之
分焉。惟舜之心無一毫有我之私，是以能公天下之善以爲善，而
不知其孰爲在己，孰爲在人，所謂善與人同也。舍己從人，

---

❼　張載説：「萬事只一天理。舜舉十六相，去四凶，堯豈不能？堯固知四凶之惡，
　　然民未被其虐，天下未欲去之。堯以安民爲難，遽去其君則民不安，故不去，
　　必舜而後因民不堪而去之也。」見：《張載集》（北京：中華書局新校標點本），
　　〈經學理窟〉，頁256。
❽　朱熹：《孟子或問》，收入《朱子遺書》5（台北：藝文印書館影印清康熙中
　　禦兒呂氏寶誥堂刊本）卷3，頁9a。

言其不先立己，而虛心以聽其天下之公，蓋不知善之在己也；樂取於人以爲善，言其見人之善，則至誠樂取而行之於身，蓋不知善之在人也。此二者善與人同也。然謂之舍己者，特言其亡私順理而已，非謂其己有不善而舍之也，謂之樂取者，又見其心與理一，安而行之，非有利勉之意也。」

朱子在這一段對話中，所強調的是舜的「無私」是「天下之公理」。

綜上所述，我們可以發現：宋儒透過對典範人物的行止之重現，所要論證的是這些典範人物行事規範之普遍有效性，因而值得後人效法。

2:3 在宋儒以典範人物爲中心所進行的歷史敘述時，我們發現：舜從一位生存於特定時間與空間條件下的歷史人物，在宋人的歷史敘述中，取得了超時空的性質，因爲宋儒（尤其是朱子）大多認爲人類歷史演變過程依循著合理的秩序或軌跡（即所謂「道」），而聖人之行事經驗正是遵循並體顯「道」。朱子與陳亮（同甫，1143-1194）書札往返就一再申論這項看法。朱子〈答陳同甫第八書〉說：❾

夫人只是這個人，道只是這個道，豈有三代漢唐之別？但以儒者之學不傳，而堯舜禹湯文武以來轉相授受之心不明於天下，故漢唐之君雖或不能無暗合之時，而其全體卻只在利欲上，此其所以堯舜三代自堯舜三代，漢祖唐宗自漢祖唐宗，終不能合而爲一也。今若必欲撤去限隔，無古無今，則莫若

❾ 朱熹，《晦庵先生朱文公文集》（台北：中文出版社影印和刻近世漢籍叢刊本），卷36，頁 2315-2316。

深考堯舜相傳之心法，湯武反之之功夫，以爲準則而求諸身。

朱子〈答陳同甫第九書〉說：❿

> 鄙見常竊以爲：亙古亙今只是一體，順之者成，逆之者敗，
> 固非古之聖賢所能獨然；而後世之所謂英雄豪傑者，亦未有
> 能成舍此理而有所建立成就者也。

朱子這兩段見解，明白說明「堯舜三代」之歷史經驗中潛藏永恆有
而超時空的「道」或「理」，而應爲後人所遵循。因此，堯舜這種
古代聖王，在宋儒的歷史敘述裡，就成爲超越時間與空間的存在，
取得了普遍性的涵義。但是，我必須在這裡進一步指出的是，中國
儒家透過歷史敘述所建立的「普遍性」不是一種「抽象的普遍性」，
「普遍性」見之於具體的聖賢人物的行爲之中，它是一種「具體的
普遍性」（the concrete universals），這種思考方式深具中國
文化之特色。

　　綜合本節所說，雖然歷史敘述的藝術直到近二十餘年來在西方
才開始掙脫社會科學的影響，而有逐漸復興之勢，⓫但是，歷史敘
述的藝術在中國一直歷久而不衰，在儒家一系思想家之中，歷史敘
述更是提出哲學命題的重要途徑。

---

❿　朱熹，《文集》，卷36，頁2318-2319。

⓫　參考：Lawrence Stone, " The Revival of Narrative: Reflections on a
　　New Old History," in his *The Past and the Present* (London :
　　Routledge & Kegan Paul, 1981), pp74 -96

三、宋儒的歷史敘述中潛藏的思想內涵

在說明了宋儒的歷史敘述所呈現的幾個突出面向之後,我想進一步分析宋儒的歷史敘述中所潛藏的四項思想命題:(3:1)只有透過對於特殊史實進行歷史敘述才能提煉出普遍之「理」,這種「理」顯然呈現在堯舜禹等特殊的聖人行誼之上,他們的行為規範具有普遍必然性。(3:2)這種歷史中的「理」只有通過歷史中的聖人及其事蹟才能被發覺,而且,因為自從三代以降,人心沉淪,歷史退墮,所以通過研究古史以發掘此「理」乃成為絕對必要。(3:3)更進一步言之,因為聖人之「心」與吾人之「心」有其同質性,因此,只有研究古代聖人的行誼,「理」之具足於吾人「心」中此一事實,才能被肯定。(3:4)「理」既內在於人「心」之中,而又顯現於史「事」之上,這項事實也只有在古代的聖人身上才能被確認。我們依序鋪陳以上這四項命題。

3:1 宋儒進行歷史敘述時所呈現的第一項思想命題是:普遍的「理」可以見之於特殊的「事」之中,特別是在古代聖人的行誼之中,我們引用宋儒之中極為重視歷史的朱子為例加以說明。朱子在〈壬午應詔封事〉中說:❷

> 是以古者聖帝明王之學,必將格物致知以極夫事物之變,使事物之過乎前者義理所存,纖微畢照瞭然乎心目之間,不容

---

❷ 朱熹,《晦庵先生朱文公文集》(台北:中文出版社影印近世漢籍叢刊本),卷11,〈壬午應詔封事〉,頁643-644。

毫髮之隱，則自然意誠心正，而所以應天下之務者，若數一二辨黑白矣。苟惟不學與學焉，而不主乎此，則内外本末顛倒繆戾，雖有聰明睿智之資，孝友恭儉之德，而智不足以明知善，識不足窮理，終亦無補乎天下之治亂矣。……蓋致格物者，堯舜所謂精一也，正心誠意者，堯舜所謂執中也。

朱子〈答張欽夫〉書又說：❸

儒者之學大要以窮理爲先，蓋凡一物有一理，須先明此，然後心之所發輕重長短，各有準則，書所謂：天敍天秩天命天討，孟子所謂：物皆然心爲甚者，皆謂此也。若不於此先致其知，但見其所以爲心者如此，識其所以爲心者如此，泛然而無所準則，則其所存所發亦何自而中於理乎，且如釋氏擎拳豎拂運水般柴之說，豈不見此心，豈不識此心，而卒不可與入堯舜之道者；正爲不見天理，而專認此心以爲主宰，故不免流於自私耳。

　　以上這兩段引文顯示：朱子認爲，事事物物之所以值得研究，乃是爲了發掘出潛藏在事物中的「理」，其目的則在於掌握此「理」以治理天下。但是，如何才能經由研究事物以找尋其「理」呢？朱子認爲研究歷史就必須探討聖人之事蹟，並取聖人的觀點以知人論世。朱子引程頤（伊川，1033-1107）之言：「讀史須見聖賢所存治亂之機，賢人君子出處進退，便是格物」。❹換言之，研讀歷史的正確方法，

---

❸　朱熹，《近思錄集註》（四部備要本），卷3，頁146。

❹　《近思錄集註》（四庫備要本），卷3，頁146。

在於找出古聖先賢經國濟民之關鍵，以及他們立身處事之方法，而不是將歷史資料籠統集合而成爲朱子所說的「皮外物」。**⑮**所以，朱子認爲讀經應先於讀史，他說：**⑯**

> 看經書與看史書不同，史是皮外物，事沒緊要，可以札記問人；若是經書有疑，這個是切己病痛，如人負痛在身，欲斯須忘去而不可得，豈可比之看史遇有疑則記之紙邪？

朱子之所以說的「經」比「史」更重要，主要的涵義是：讀史的目的在於即「事」以窮「理」，史實的究明只是手段，史理的抽離才是目的，而經由抽離之後的「理」主要見之於經書之中，所以「經」先於「史」。

3：2 既然讀史是爲了求「理」，而且「理」皆載於經之中，那麼，直接讀經就可以了，何必讀史？讀「史」之理由又何在呢？這個問題的答案在於：如果沒有史事（尤其是聖人所行之事），就無處覓「理」，所以只有經過聖賢行事之遺跡，才能正確解明「理」之內涵。朱子〈答陳同甫第八〉書說：**⑰**

> 夫人只是這個人，道只是這個道，豈有三代漢唐之別？但以儒者之學不傳，而堯舜禹湯文武以來轉相授受之心不明於天下，故漢唐之君雖或不能無暗合之時，而其全體卻只在利欲

---

⑮ 黎靖德編，《朱子語類》（北京：中華書局新校標點本，1986），卷11，頁300。

⑯ 同上註。

⑰ 同上註**❾**。

上，此其所以堯舜三代自堯舜三代，漢祖唐宗自漢祖唐宗，終不能合而爲一也。今若必欲撤去限隔，無古無今，則莫若深考堯舜相傳之心法，湯武反之之功夫，以爲準則而求諸身。

依朱子之意，「堯舜三代」史實的究明，是深刻掌握「堯舜相傳之心法」的根本途徑。換句話說，離開了堯舜三代的具體歷史事實，歷史中的抽象而普遍的「理」（在此就是指「堯舜相傳之心法」）就變成晦而不彰了，所以，堯舜三代歷史的探討乃不可或缺。

朱子在〈中庸章句序〉中對這一點有進一步的發揮，他說：❶

自上古聖神，繼天立極，而道統之傳，有自來矣。其見於經，則允執厥中者，堯之所以授舜也；堯之一言，至矣，盡矣！而舜復益之以三言者，則所以明夫堯之一言，必如是而後可庶幾也。

……自是以來，聖聖相承：若成湯、文、武之爲君，皋陶、伊、傅、周、召之爲臣，既皆以此而接夫道統之傳，若吾夫子。則雖不得其位，而所以繼往聖、開來學，其功反有賢於堯舜者。然當是時，見而知之者，爲顏氏、曾氏之傳得其宗。及曾氏之再傳，而復得夫子之孫子思，則去聖遠而異端起矣。

……自是而又再傳以得孟氏，爲能推明是書，以承先聖之統，及其末而遂失其傳焉。則吾道之所寄不越乎言語文字之閒，而異端之說日新月盛，以至於老佛之徒出，則彌近理而大亂眞矣。然而尚幸此書之不泯，故程夫子兄弟者出，得有所考，

---

❶　朱熹，〈中庸章句序〉，收入：《文集》，卷76，頁5599-5603。

> 以續夫千載不傳之緒；得有所據，以斥夫二家似是之非。蓋
> 子思之功於是爲大，而微程夫子，則亦莫能因其語而得其心
> 也。惜乎！其所以爲説者不傳。

在這一段話中，朱子指出：「道統」是透過聖賢之口傳而得以不墜。朱子認爲，只有通過聖賢，後人才掌握「道」或「理」的眞正消息。

3：3 在上文所引的朱子〈中庸章句序〉中，我們可以再繼續推論以下三點：(a)流行於宇宙之間的「理」，具足於吾人之「心」中。(b)古聖先賢相傳之言，使我們瞭解：「理」只有在聖人身上才能具體化。(c)一切個人之榮枯、國家之興亡、乃至宇宙之存廢，皆有賴於聖賢相傳之「理」之具體化於每個人的所爲之中。因此，我們不能離開聖人而覓「理」。

3：4 從以上所說的「理」既顯現在「事」之中（3：1），又呈現在人的「心」中（3：1及3：2）這兩項命題，有人可能認爲在諸多事物中之「理」乃多元而多變，但是，事實則又不然。誠如朱子的名言「理一分殊」這句話所顯示，「理」並非雜多而是統一的。朱子之意以爲，諸多事物或人「心」在其素樸狀態中均潛藏著天「理」。朱子以「流出來」一語形容「仁」、「義」、「禮」、「智」、「信」之中「理」之呈現。[19]陳榮捷則以月印萬川狀態下之「反照」[20]一語，形容萬事萬物中之「理」之呈現。朱子說：

---

[19]　《語類》，卷98，頁2527，「義剛錄」。
[20]　陳榮捷，《朱熹》（台北：東大圖書公司，1990），頁64。

(1)蓋乾之爲父，坤之爲母，所謂理一者也。然乾坤者，天下
之父母也。父母者，一身之父母也。則其分不得而不殊矣。故
以民爲同胞物爲吾與者，自其天下之父母者言之，所謂理
一者也。然謂之民，則非眞以爲吾之同胞。謂之物，則非
眞以爲我之同類矣。此自其一身之父母者言之，所謂分殊
者也。㉑

(2)世間雖千頭萬緒，其實只一箇道理，「理一分殊」之謂也。㉒

既然世間之「理」只有一個，而且是「亙古亙今，常在不滅之物」，㉓
所以，考察歷史上往聖前賢行事之事跡，就成爲解讀此「理」最佳
之途徑。

綜合以上四項命題，宋儒透過歷史敘述以進行思想論述，乃完
全獲得成立之基礎。

四、對宋儒「即史以求理」之質疑及其回應

上文所說的宋儒「即史以求理」的論述方法，是一種具有中國
文化特色的「具體性思維方式」的一種表現。但是，這種論述方式
很容易引起一種質疑：既然從事歷史敘述的目的是在於汲取歷史事
實中的「理」，那麼，一旦歷史中之「理」被發掘或抽離出來之後，我
們豈非就不再需要歷史上的聖人或三代的歷史經驗了？而且，正如

㉑　朱熹，《文集》，卷37，〈與郭仲晦書〉，頁2395。

㉒　《語類》，卷136，頁3243。

㉓　《文集》，卷36，〈答陳同甫〉，頁2306。

朱子所說歷史是「皮外物」，㉔我們一旦獲得史中之「理」，則史事即可棄之如敝屣矣。三代聖王如堯舜禹，皆歷史上之存在，當然也在棄置之列。我們所求的是「理」，只有「理」才是知人論世的準則。

以上這項質疑，確屬持之有故，言之成理，有其可以成立之理據。但是，這項質疑可以經由對朱子歷史思想中的「理一分殊」概念的釐清而加以滌除。

我過去討論朱子對中國歷史的解釋時，曾經說明：在朱子的思想中，「理」既是宇宙自然的規律，又是人事行為的規範，兩者融為一體。因此之故，朱子的歷史解釋在這種「理」的哲學的支配之下，乃自然而然地將「事實判斷」（factual judgments）與「道德判斷」（moral judgments）合而為一。而且，因為「理」是一元的，也是超越時空的，所以，「理」就成為朱子解釋歷史變遷之唯一的抽象標準，一切具體的歷史事實的出現只是為了從正面或反面說明或印證「理」的永恆特質。如此一來，「理」成為超越於歷史事實之上的一種「理想」，它是朱子解釋歷史及批判歷史的一種「精神的槓桿」。㉕

㉔ 《語類》，卷11，頁300。

㉕ 參考：黃俊傑，〈朱子對中國歷史的解釋〉，《國際朱子學會議論文集》（台北：中央研究院中國文哲研究所籌備處，1993），頁1083-1114；Chun-chieh Huang, "Imperial Rulership in Cultural History: Chu Hsi's Interpretation," in Brandauer and Huang eds., *Imperial Rulership and Cultural Change in Traditional China*(Seattle: University of Washington Press, 1994), pp.188-205.

　　現在，我們可以進一步說：朱子歷史思想中的「理」兼具內在性與超越性兩種性質。（4：1）「理」既內在於聖賢事蹟與歷史事實之中，又超越於史實之上，就「理」之內在於史實而言，「理」不能脫離史事而存在；（4：2）但是，就「理」之超越於史實之上而言，則「理」又存在於具體史實之上，因而又對史實可以發揮其批判之功能。

　　4：1 我們先就史「理」內在於史「事」這一面探討。在宋代儒家的歷史敍述中，特別強調堯舜等典範人物相傳的「人心」與「道心」之差異。僞《古文尙書》有「人心惟危，道心惟微，惟精惟一，允執厥中」之語，宋明理學家極所重視，其說實暢發於朱子，朱子《中庸章句·序》云：❷⑥

> 自上古聖神，繼天立極，而道統之傳，有自來矣。其見於經，則允執厥中者，堯之所以授舜也。「人心惟危，道心惟微，惟精惟一，允執厥中」者，舜之所以授禹也。蓋嘗論之，心之虛靈知覺，一而已矣，而以爲有人心道心之異者，則以其或生於之私，或原於性命之正，而所以爲知覺者不同，是以或危殆而不安，或微妙而難見耳。然人莫不有是形，故雖上智不能無人心。亦莫不有是性，故雖下愚不能無道心。二者雜於方寸之間，而不知所以治之，則危者愈危，微者愈微，而天理之公，卒無以勝夫人欲之私矣。精則察夫二者之間而不雜也。一則守其本心之正而離也。從事於斯，無少間斷，必

---

❷⑥　同上註❶⑧。

使道心常為一身主，而人心每聽命焉，則危者安，微者著，而動靜云為，自無過不及之差矣。夫堯舜禹，大聖也，以天下相傳，大事也，而其授受之際，丁寧告戒，不過如此，則天下之理，豈有加於此哉？

在朱子對堯舜相傳的所謂「十六字心傳」的敘述中，「歷史敘述」與「價值判斷」融貫為一。朱子認為，堯舜這些典範人物所傳承信持的這十六字的行事原則，不僅是歷史的「實然」（"to be"），也是後人行事所應遵循的「應然」（"ought to be"），朱子在〈答陳同甫書〉中也肯定這是包括堯、舜、孔子、孟子聖聖相傳之行事原則：**②⑦**

所謂「人心惟危，道心惟微，惟精惟一，允執厥中」者，堯舜禹相傳之密旨也。夫人自有生而梏於形體之私，則固不能無人心矣。然而必有得於天地之正，則又不能無道心矣。日用之間，二者並行，迭為勝負，而一身之是非得失，天下之治亂安危，莫不係焉。是以欲其擇之精，而不使人心得以雜乎道心。欲其守之一，而不使天理得以流於人欲。則凡其所行，無一事之不得其中，而於天下國家，無所處而不當。夫豈任人心之自危，而以有時而泯者為當然。任道心之自微，而幸其須臾之不常泯也哉。夫堯舜禹之所以相傳者既如此矣，至於湯武，則聞而知之，而又反之以至於此者也。夫子之所以傳之顏淵曾參者此也。曾子之所以傳之子思孟軻者亦此也。

---

②⑦ 朱熹，《文集》，卷36，〈答陳同甫第六書〉，頁2305-2306。

這種聖聖相傳的行事原則或所謂「理」，只有在具體的歷史事件與聖賢行事之中，才能被解讀。我們可以說，宋儒歷史敘事中所呈現的正是所謂「具體的普遍性」（the concrete universals），「普遍性」建立在「具體性」之上，這種思考方式極具有中國文化的特色。

4:2 接著，我們再從史「理」之超越於史「事」之上這一面來看。朱子說：「若論道之長存，卻又初非人所能預。只是此箇自是亙古亙今常在不滅之物。雖千五百年被人作壞，終殲滅他不得耳。漢唐所謂賢君，何嘗有一分氣力，扶助得他耶？」❷❽朱子認爲具有超越性的「理」是永恆而不泯滅的，他又說：「夫古今之變極而必反，如晝夜之相生，寒暑之相代，乃理之當然，非人力之可爲者也。是以三代相承，有相因襲而不得變者，有相損益而不可常，然亦惟聖人爲能察其理之所在而因革之。」❷❾朱子認爲「理」之運行實非人力所能干預，所謂「聖人」也只是默察此種「理」而因應行事而已。

如上所說，宋儒歷史敘述中的「理」既內在於而又超越於歷史人物與史實之上，「理」與「事」之間存有不離不即之關係，所以宋儒「即史以求理」之歷史敘述方法乃獲得了理論上的合法性。而在諸多歷史人物與史實之中，宋儒之所以特別重視堯舜禹等聖人，乃是因爲這些宋代「集體記憶」中的典範人物「其心與理合一，安而行之」，❸❶但是一般人則因其有身，故「不能無私於己，故有物

---

❷❽　同上註。

❷❾　《文集》，卷72，〈古史餘論〉，頁5316。

❸❶　朱熹：《孟子或問》，收入《朱子遺書》(5)（台北：藝文印書館影印清康熙中禦兒呂氏寶誥堂刊本），卷3，頁9a。

我之分」，❸所以，透過對聖人行事之敘述而探求與聖人之「心」合一之「理」，乃成為絕對必要。正如朱子所說：「道便是無軀殼底聖人，聖人便是有軀殼底道。……學道便是學聖人，學聖人便是學道……。」，❸古代的聖王是「道」或「理」之具體化，因此，為了掌握「道」或「理」之內涵，必須深入研究聖王之行事，以便「即事以言理」。在這種思路之下，歷史敘述於是就成為提出哲學命題的必要途徑。

五、結　論

這篇論文以宋儒「集體記憶」中的聖王典範為例，分析儒家以歷史敘述作為提出哲學命題的途徑。根據本文的分析，我們可以發現：宋代儒者不論是張載、二程或朱子，在敘述堯舜的事跡時，都是在儒家社群的脈絡中進行敘述。他們論述堯誅除四凶，是彰顯「天理」；❸他們肯定舜之「善與人同」是體顯了「天下之公理」❸的普遍必然性；他們論證堯舜三代與漢唐皆同屬亙古亙今之「道」。❸凡此種種如「天理」、「公理」、「道」、「氣」乃至「人心」、「道心」❸等，都是宋儒之所謂「共同論述」（common discourses）。古代典範人物的事跡，是在這種儒門脈絡中被敘述

---

❸　同上註。

❸　《語類》，卷130，頁3117。

❸　同上註❻及❼。

❸　同上註❽。

❸　同上註❽及❾。

❸　同上註❿。

的。❸

　　宋儒這種「從歷史敘述提出哲學命題」的思考方法，其實有其源遠流長的傳統，我過去曾指出：中國文化中的「歷史心靈」發展極早，默察往事，原始察終，見盛觀衰，記取教訓，以爲行事之依據，至遲在春秋時代（722-481 B.C.），已成爲中國人的共識。《詩經·大雅·蕩》云：「殷鑑不遠，在夏后之世」，《尙書·召誥》：「我不可不監于有夏，亦不可不監于有殷」，皆可證中國古代歷史意識之早熟。這種歷史意識尤其是以時間意識爲其核心，所以，中國古代思想家對「時間」問題均有深切反省，孔子（551-479 B.C.）川上之嘆，以時間飛逝之快速，激勵人心之奮鬥，實已將自然時間賦予其人文之意義。孟子更是一再引用史實以論證他的思想命題，例如孟子舉離婁等歷史人物之「規矩」、「六律」，論證「仁政」之於「平治天下」的重要；以三代史實支持「天子不仁，不保四海」之論斷；以魯繆公與子思之史實，闡述不見諸侯之義；以舜、傅說、膠鬲、管夷吾、孫叔敖、百里奚之史實，闡述「生於憂患而死於安樂」的道理。❸中國儒家一向不尙抽象之言談，他們從不離事而言理，因此，他們所論之「理」乃爲實理而非空理或虛理。宋儒的歷史敘述，正是繼續先秦儒家「具體性思維方式」之悠久傳統而加以

---

❸　法國社會學家哈伯瓦克曾說，「集體記憶」在群體中獲得加強，而且，是作爲群體之一員的個體在進行記憶。其說頗有見解。參考：Maurice Halbwachs, *The Collective Memory*, with an introduction by Mary Douglas (New York: Harper-Colophon Books, 1950), p.48.

❸　黃俊傑，《孟學思想史論》（卷一）（台北：東大圖書公司，1980），頁13。

發揚光大，從聖王典範之中論證「具體的普遍性」，❸展現中國文化之特質。

最後，從本文所分析之內容可以顯示：宋儒所賴以提出哲學命題的歷史敘述，本質上近於余森（Jorn Rusen）所謂的「例證式敘述」（exemplary narrative）。這種「例證式敘述」不同於傳統式（traditional）、演化式（evolutionary）或批判式（critical）的敘述方式之處在於：例證式的歷史敘述中的「時間」是一種人文的時間，其特徵是從具體的歷史事實或個案中指出抽象的行爲規則，並申論行爲規則的普遍必然性。❹我們可以說，在儒家傳統中，「普遍性」是深深地植根於「特殊性」之中，而「抽象性」也建立在「具體性」之上。

---

❸　參考：Chun-chieh Huang and Erik Zürcher, ed. *Time and Space in Chinese Culture*（ Leiden: E.J.Brill,1995 ）, pp.3-16.

❹　Jorn Rusen, "Historical Narration: Foundation, Types, Reason, " *History and Theory*, XXVI:4 (1987), pp.87-97，並參考：胡昌智，《歷史知識與社會變遷》（台北：聯經出版事業公司，1988），頁148-160。

TOWARD A CHARACTERIZATION OF CONFUCIAN HISTORICAL NARRATIVE: LEGENDARY SAGES IN THE COLLECTIVE MEMORY OF SUNG NEO-CONFUCIANISM

Abstract

When Chinese people extrapolate (not abstract) some ubiquitous and ever- abiding principles, they always have narrational paradigms in mind. They are in addition incorrigibly communal, and so when they argue they think of good government. The good government is neither royal hegemony nor legal democratic control, but a benevolent rulership , by which they always mean personal "sagely rule" with much historical nostalgia; the Chinese argument is argument by communal memory. They do yearn after principles, but the "one principle" (li I理) in their mind manifests itself only pluralistically, severally, historically (fen shu分殊), never in its naked abstraction. The principle abidingly shines through refraction of legendary sages such as Yao堯 , Shun舜 , Yu禹 , and is reflected in past paradigmatic events that historical narratives present.

We shall (A) first cite examples from Neo—Confucian thinkers in the Sung (960—1279) times to instantiate the above three characteristics of Chinese argument by historical paragon narrative, namely, it is an argument by historical narrative, by paradigmatic persons, and by collective memory. (B) Then, to conclude, we shall clarify such distinctive characteristics by considering our spontaneous queries on them, such as the relation between principle and person, principle and events, history and value.

評　論

古　偉　瀛

　　主持人、主講人、還有史學界的各位先進，今天非常榮幸在這裡評論我的同學兼老朋友黃俊傑教授的大作。正如同他文章中常常提到的，既連繫又矛盾，我跟他的關係有點這樣子，十分地有趣。

　　今天這個題目對我來說是相當新鮮的東西。因爲我自己也沒有研究宋朝，惟一能連繫上的是因爲我對史學方法一直有興趣，這一點可能與這個有關係，而且覺得蠻有意思的。大會安排做第一場，相當地重要，因爲東吳的方向文獻學與歷史學的結合，而其實這裡有一個很重要的關鍵，將來這個文獻你要怎麼樣去解讀它，怎麼樣去看待它，必須知道，並不是只要是文獻就是第一手的史料，這是很大的一個誤解。所以呢，如果對集體記憶有一種論述，有一種批判的話，可能是非常地好。所以今天以此文做第一場是蠻有意義的。可是找到我可能有點錯誤，不過我會盡量地去進行。

　　首先，我覺得我們一直在尋找我們中國思想的這種特殊性，我這個作史學方法的人也是覺得非常有趣，而且很想在現代社會科學、西方學術的壓力之下想要找到的一個特色。而今天好像終於找到了，對不對，看到黃老師的這個大作，中國的思想，在抽象性、普遍性裡面，有其具體性，我看完以後，非常高興；不過因爲要評論，還是要再多看兩遍，結果發現還是有一些問題。不過這些問題並不足以推翻他的論證，只是說將來如果他要使這個論證成爲眞正的大家

的一個共同記憶的話，可能還需要進一步的加強，這是我一開始要
講的。

　　首先他這篇文章就如同黃老師的傑出的口語表達能力，他講話
非常地優雅。中英並用，而且史料引用起來，娓娓道來、引人入勝，令
人非常佩服。另外也請大家注意一下他的敘述有一個特質，注意第
2頁、第5頁、第10頁，他這個作法實際上在我們教史學方法的看來
是一種新的綱目體的作法，非常有意思，但是用社會科學的包裝。
它把要講的重點用阿拉伯數字先表現出來—2-1、2-2，抽象的原則
以後再由具體事實由後面慢慢地陳述出來。這種方式是用現在社會
科學很具有外在客觀性的一種包裝，蠻有意思。他想要講的是一種
普遍的道理，然後再用歷史事實來加以具體化。但是我在閱讀通篇
之後，發現有一些問題，可能需要向他請教。亦即他所說的儒家歷
史敘述的特質，這個歷史敘述，他是用堯舜禹這些來做例子，這點
我就覺得堯舜禹這些東西算不算歷史敘述呢?我的了解堯舜禹好像
還是傳說性質的人物。當然文獻有很多記載，可是如果用他們來做
為例子的話，可能還要更多的，比如說，他的舉止行為來表示中國
的特殊性。但是這些行為，他這裡舉了很多—2-1、2-2或3-1、3-2，
這些行為來說都是很簡單的行為，好像看不出來非常具體。我們歷
史上齊桓晉文之事或者這些典範人物的他們的行為，好像應該要再
更具體一點，才能夠算是歷史敘述，所以這一點，我覺得是不是還
是要用其他更多進入歷史時期以後的東西來呈現他的主題。這是我
覺得值得提出來討論的第一點。

　　第二點，集體記憶現在非常地流行，大家都在討論，非常的重
要。集體記憶對我們現代史學的繼續的發展以及社會怎樣共存非常

重要。集體記憶其實還有創造的時期，如何維持，如何加強，如何選擇，這些東西都是值得大家非常注意。當然這篇文章因為限於篇幅，只談論宋朝，就是好像你已經有集體記憶在那裡了，你只拿來應用而已。但集體記憶是怎麼出現的、為何出現，這個就是非常有意思的問題。中國的唐朝怎麼樣，宋朝不可能突然有明顯而完整而有系統的集體記憶。集體記憶是如何出現的?當然本文提到很早便有這個傳統，但是它似乎是指出只有宋朝才形成了這樣的歷史敘述的特質。所以這個集體記憶如何地完成、如何地出現，這點我覺得蠻重要的。那另外第5頁，他提到L．Stone談到西方的歷史敘述有重新復興的跡象。其實這一段的論證，事實上這只是他自己反映自己的心態而已。他認為二次戰後，量化史學非常流行，但是他也花了好多時間發現一個結論：量化投入的時間跟結論上的收穫是成反比的，所以他發現應回到歷史敘述。他自己的一個心路歷程反射到歷史界的主流。其實歷史敘述無論是過去或是現在、未來都是非常重要的，都是主流。而中國當然非常強調這種敘述，這個傳統我並沒有否認，只是用這個例子來做，我覺得有點值得商榷。第11頁他提到一點也是蠻重要的一點，就是說他說這個：「人心唯危⋯⋯。」這十六個字是代表了歷史敘述跟價值判斷合而為一的具體例子，我還是一樣有剛剛的問題，就是說這16個字是十分抽象的，我認為是道德判斷，但是不是歷史判斷，有一點值得商榷。他的論證我覺得是非常有自信的，很有力量的。但我覺得在說服力方面也許需要再加強用其它的例子來補充。

最後一點，就是我覺得相當疑惑的一點。就是我們尋求中國跟西方之間的一種共同性與差異性。這裡他強調中國的特殊性是從抽

象、普遍當中找到具體，用史實來呈現它的這個普遍性。但是我覺得西方好像也不缺乏這個傳統。中古時期以歷史來呈現上帝的旨意，啟蒙時期是以歷史例子來呈現哲學上的命題，我覺得這些都是大家都知道這重要的呈現，也許王芝芝教授或張芝聯教授能夠補充。我是覺得是不是中國的確有這樣的特性，如果是有，我是非常的高興，而且希望能加強。但是我覺得西方的傳統似乎也不缺乏這個特性，這樣的一個命題到底是不是真正是中國的，這是值得商榷的。我當然希望有，而這個我們希望能見到更多的例子證明，然後能夠解決我們心中的疑惑。簡單提出個人看法，謝謝各位。

歷 史 書 寫 的 可 能 途 徑

——英國中學歷史教科書中的人物表現

劉 靜 貞

東吳大學歷史學系副教授

　　歷史作爲學科的重要性可以從很多方面來談，但是不能忽略的一個共識，應在於其所發掘的人之意義。但是，學習歷史是否就能使人像個人，其實是有疑問的。傳統以史爲鑑的歷史教育法固然可以使人行事有所依循和根據，減少許多不必要的錯誤嘗試。然而這種以古人爲典範（或殷鑒）的歷史教育，往往也使人的言行思想受到侷限和背負，增加許多不必要的規範與限制。那麼，從事歷史教育工作者究竟該如何書寫歷史以呈現或傳述「過去」的人物，呈現哪些人物，或是什麼樣的人物，才能眞正貫徹歷史作爲「人文」學科的理念與目的呢？

　　本文擬藉著歷經教育改革，在新制定的國定課程大綱引領下，依新歷史教育理念編寫出版的四本英國中學歷史教科書，❶探討歷

---

❶　限於資料取得的困難，僅以四家出版社所發行的歷史學科主要階段三（12-14歲）中的《中世紀領域》（Medieval Realms）課本爲例。即：

史教育中呈現（書寫）人物的方法及其可能性。首先簡介英國近二十餘年來歷史教育改革所發展出的新教學理念，及其對教科書所造成的衝擊與影響。其次則針對教科書中書寫歷史人物所採行的途徑進行探討，此又分為兩個主題，一為其如何經由「生活史」的課題來呈現「人」，一為其如何藉虛構的人物呈現「歷史」。

一、導論——英國歷史教育改革的理念與實際

七〇年代，英國中學的歷史科教學遭遇到前所未有的危機，在一連串的調查中顯示：學生不但對未來進修歷史的興趣薄弱，而且對歷史學習的評價也日益低落。面對這樣的危機，英國的歷史教育學者開始針對以往歷史教學中過分著重傳授重要事實，以及偏向記憶力考評的傳統作全面檢討，重新思索歷史學的知識性質，歷史教育應該傳授什麼，歷史對個人與社會有何意義等問題。

如「學校委員會13～16歲歷史教育改進計畫」（School Council History 13～16 Project，簡稱 SCHP）便曾於1972～1976年間做過實驗研究，發現在過於專注講授「重要」事實的舊課程教學中，學生往往會理所當然地以為，課文中的歷史乃是一群絕

Colin Shepherd & Alan Large, *Discovering Medieval Realms*(London: John Murry Ltd., 1993).

Ian Dawson & Paul Watson, *Medieval Realms 1066-1500*(Oxford: Oxford University Press, 1992).

R. J. Cootes, *Medieval Realms*(Surrey: Thomas Nelson and Son Ltd., 1992).

Ros Adams, *Medieval Realms*(Lancashire: Causeway Press Ltd., 1993).
（以下分別簡稱M書、O書、N書、C書）。

對不容懷疑且不可更易的事實，歷史是一種敘述，無關乎解釋，故學習歷史的原則就是「背誦」。透過重新設計的課程教學實驗與測驗評估，SCHP在結論報告中肯定：應該讓學生明白歷史知識乃是歷史家根據證據建構。歷史教學的重心不能只是讓學生知道發生了什麼事，而是要讓他們了解「我們如何知道這些事」"How do we know"。新的歷史教學取向，著重在知識與方法的聯繫關係上。這包括：評量証據的可靠性、用証據重建事實、以及權衡各種解釋作出選擇。青少年除了學習過去的歷史，更要了解歷史作爲一門學科所特有的邏輯及其關鍵概念：變遷(change)、發展(development)、原因與作用(cause and effect)。❷

　　這種教學理念，在一九九○年代新施行的歷史科國定課程大綱（National Curriculum）中得到採納，因爲國定課程規畫的歷史科成就目標（Attainment Targets）正是：

> 1：歷史的知識與理解(knowledge and understanding of history)
> 　　a.變遷（change）
> 　　b.原因（cause）
> 　　c.過往境況的各種特色（features of past situation）
> 2：歷史的詮釋（interpretation of history）

---

❷　Denis Shemilt, *History 13~16 Evaluation Study*(Edinburgh: Holmes McDoughall Ltd., 1980), pp.3-4; 24-25.

3：史料的運用（use of historical sources）❸

　　歷史科國定課程大綱的製訂乃是英國一九八八年教育改革法案的新措施之一。因爲歷史科被列爲五至十六歲學生必修的十個基本課程之一。英國教育以往一向採行自由化、地方化的方式進行，用國定課程大綱統一歷史教學史事範疇的新規定，自然引起各界相當多的質疑。❹而在另一方面，國定課程大綱雖然標舉出歷史教學的

---

❸　引自吳麗芬，〈英國中學社會科課程結構－以歷史科課程爲例〉，《菁莪季刊》5-1（1993.3），頁70。

❹　中學課程中應否設立國定共同課程與那些科目應設爲共同課程，曾在英國激起長久而熱烈的討論。一九八八年所確定的十個基本課程分別是三個核心學科（core subjects：英文、數學、科學）；七個基礎學科（foundation subjects：科技、歷史、地理、現代外語、藝術、音樂、體育）。根據課程大綱的規畫，五歲～十六歲的學習年齡被區分爲四個學習歷史的主要階段（Keystages），各主要階段分別訂有學生必須研習的數個學習單元(study units)。國定課程的基本架構即爲1.各學科所要達到的成就目標、2.各關鍵期的學習綱目(Programmes of Study) 和3.檢測學生學習情形的評量設定(Arrangement for Assessment)。參考周淑卿，〈英國國定課程之研究〉（台灣師範大學教育研究所碩士論文，1992），頁44-77。
事實上，大綱本身亦有不盡周全之處。一九九五年課程大綱即作了部分的修訂。三項成就目標改列爲教學中應具備的五種主要成分(Key elements)，即：年代次序的觀念(Chronology)；對歷史知識有一定廣度與深度的認識與理解(Range and depth of historical knowledge and understanding)；歷史的詮釋(Interpretations of history)；歷史的探究(Historical enquiry)；組織與溝通的能力(Organisation and communication)。引自 *History In The National Curriculum*（London: HMSO Publication Centre,1995), p3. 其所強調的，仍是學生在熟悉既定歷史知識的同時，也有必要瞭解歷史知識如何建立的過程，進而培養此過程中特具的思維及能力；而除了變遷延續的時間概念、對現象及其因果之間複雜關係的認識、提出歷史詮釋應有的各種考量與條

基本理念，但要加以落實，尚需要其他方面如新教科書的編寫、教師教學活動之設計等多項因素配合。然而是不是所有的新編教科書都能因應課程大綱所揭舉的新教學理念，扮演好規範、引帶課堂教學活動的功能呢？

　　關於課程大綱對教科書所造成的衝擊與對應關係，首先應該注意的是，相對於台灣部定中學歷史課程標準詳定章節名目的做法，英國國定課程大綱只羅列出各學習單元所應涵蓋的史事範圍與課題，以供教科書撰寫者參考。以主要階段三（12-14歲）的「中世紀領域」（Medieval Realms）爲例，課程綱要的規定是：❺

件外，同時還注意到傳述歷史知識的技巧與方法。

除了成就目標有所調整外，原先課程大綱爲考核三項成就目標，訂出八～十個評核水平（assessment levels）的評量設定，則尚在爭議中，因爲那並不是根據兒童理解歷史的思維認知能力進程所訂定的。故如Peter Lee, Alaric Dickinson, Rosalyn Ashby等人即共同推動「歷史的概念與教學取向計劃」（Concepts of History and Teaching Approaches），他們提出「造念水平」（Construct levels）的概念，以求釐清兒童對歷史的理解能力。參見Peter Lee著，周孟玲譯，〈兒童學習歷史的進程〉，《清華歷史教學》第三期（1994.6）；Alaric Dickinson 著，周孟玲譯，〈理性的理解歷史與歷史教學〉，《清華歷史教學》第六期（1996,3）；Rosalyn Ashby著，劉城譯，〈歷史課堂的史料教學〉，《清華歷史教學》第三期（1993.12）。

❺　此綱要引自Colin Shpherd & Alan Large, *Discovering Medieval Realms Teacher's Resource Book*(London: John Murry Ltd., 1993),p.3.。一九九五年出版的*History In The National Curriculum*已作了一些修訂(p.12)，與此略有出入，但似乎更具有結構體系的提示性。如綜合提示修改成「學生應在主要階段二的基礎上，被教導予某些英國中世紀歷史的主要特性，包括中古君主制的發展，以及不列顛群島上人民的生活方式」。原來分列爲四項的子目，也依其相關歸併成「英國中世紀君主制的發展（含英國和其他地區的關係）」；「中古的社會（原中古文化遺產的子題入此）」，其可教導的子題事件則以舉例的方式提示，這使得教科書的作者擁有更大的權衡與表現空間。

學生應被教導英國中世紀歷史的主要特性及其留予現代世界
的遺產。重心放在中古君主制的發展，以及不列顛群島上人
民的生活方式：

英國和更廣大的世界	學生應該被教導： · 基督教共和國的概念以及不列顛群島與更廣大的歐洲世界的相屬關係
英國君主制的發展	· 諾曼人入侵，包括赫斯汀之役（1066）及其影響
	英國中古君主制的性質
	君主政體與教會、貴族、人民的關係，包括大憲章(1215)和農民暴動(1381)
	國會的起源
	英格蘭、愛爾蘭、蘇格蘭和威爾斯的關係
中古的社會	· 封建制度以及中古社會的結構
	教會的信仰和影響
	物質需求如何解決：農耕、工藝和貿易
	健康和疾病，包括黑死病及其影響
中古文化的遺產	· 中古時代的藝術和建築，以及它們如何反映所出自的社會
	英語的發展

這種只提示具有時代特色之事件條目的課程大綱，給予教科書作者相當大的揮灑空間；讓各出版社在開放的教科書市場中，可以各據其著眼點安排篇章脈絡。其中如O書即以「探察中古時代的生活」爲其主線架構，貫穿其中的核心問題則是「中世紀是一個變遷的時期嗎？」至於M書則試圖以結構統合現象的方式，將社會視爲一個有機的整體，既有延續也有變遷地展現出來，基本上是循著由社會到國家、到國際（歐洲），由一般生活到高層政治的脈絡進行。

不過，也不是每家出版社都能有效地利用史事爲基礎，經營出體系性的歷史敘述脈絡，如N書和C書的編寫，在表面上似已照顧到學習綱目的知識要求，從政治變遷到生活文化，應有盡有，面面俱到，但是因爲比較沒有明顯的軸線與焦點延展，因此能否讓學生真正理解到中古時期在時間中縱的遞變，與社會內在各種力量相糾結的橫向關連，令人不無懷疑。

值得注意的是，在內容取捨與章節安排上容或有異，但在國定課程大綱的推動下，爲引導學生作推理思考，各家出版社都不約而同地加強了如何經由歷史知識進行歷史詮釋的活動。在可得見的四本教科書中，都放進了大量的史料，這顯然是期望藉此凸顯所有的歷史敘述都是建立在證據之上。它們一方面於同一事件同時列舉數份觀點相似或相衝突的史料，訓練學生對多重史料作判讀、比較、檢選。一方面在問題上，也多環繞著史料的解讀以及史料與現象間的連結，尤其是「爲什麼你如此認爲」或「請解釋你選擇此答案的原因」的問法，更顯現其對思考過程的重視。❻

---

❻ 詳細的討論請見：林慈淑、劉靜貞，〈教科書編寫的理念與實際——以英國中學歷史教科書爲例〉（「方法論：歷史意識與歷史教科書的分析編寫國際學術研討會」會議論文，1997）。

　　當然，國定課程大綱所揭舉的這種知識——方法並重的歷史教學理念，也不是不曾遭到質疑。首先，是在內容方面。因為要加強史料推証的教學訓練，課文的分量相對地減少，有人因此擔心在追求深度(depth)的同時，將會犧牲知識的廣度(breadth)。其次，由於「新歷史教學」強調對學生作思考的訓練，因此更有人擔心，學生運用史料的能力不足，其想法將會因為必要知識的不足而被操控。對此，支持新歷史教育的學者 J. Slater提出了反駁，他說：知識少不等於程度低，要提高勞工階級的水準，並不是讓他們多流汗。他以實驗成果舉証，從八歲到十五歲的學生都有能力就已有的資料進行判讀、比較，做成推論。❼但是批評者仍然擔心：這種方法教給學生的不是有血有肉的歷史，而僅僅是「能力」。❽換言之，在培訓學生如何認知歷史的同時，是否會讓歷史作為一門學科所最想要傳達的「人性」失落了呢？

　　事實上，「新歷史教育」的改革重點之一，正是想要重新喚回歷史教育中已失落的「人」的那一面。早在 SCHP 進行中，研究者們便發現，在既有的傳授重要歷史知識（偉人）的教學方式下，學生很難感覺到歷史與他們切身相關，他們的「無力感」一來源自他們在歷史中看不到像他們這樣的普通人，再者他們也認為像自己這樣的普通人不會受到歷史家的垂青。學生覺得，只有政治家、名人、有錢人才是歷史記述的對象，像我們這種沒什麼特殊表現，沒做什麼事的人，史學家是不會有興趣的。因此歷史是一堆與個人日常生

---

❼　John Slater, *The Politics Of History Teaching: a humanity dehumanized?* (London: University of London, 1988), pp.4-9.

❽　Rosalyn Ashby，〈歷史課堂的史料教學〉，《清華歷史教學》第二期，頁110。

活無切身相關,已經過去的、無用的、無重點的記錄。但是相對地,接受SCHP實驗課程的學生卻能體認到,歷史討論的乃是像你我一般的平常人,歷史乃是人類經驗的整體,與每個人都密切相關。❾

那麼,SCHP究竟是怎麼做到的呢?他們在課程內容與方法設計上有何特別之處?以SCHP實驗課程理念爲基本構想所製定的國定課程大綱,以及據大綱所編寫的教科書是否眞能夠展現歷史的「人性」,換句話說,他們究竟是如何來書寫歷史中的「人」呢?

二、人之生活的歷史

負責撰寫 SCHP 評估研究報告的Denis Shemilt坦承,他們並未追究何以參加SCHP實驗課程的學生能夠如此清楚地察知個人(無論是泛泛之輩或是名流)在群體社會中所能發揮的作用力。但若檢視SCHP實驗課程結構可以發現,他們在課程第一部分「什麼是歷史」的課程中,就努力提醒學生,「歷史是一種人的研究 (humane study),關心的是人(people)──他們的行爲與他們對事情的看法。」而在強調以史料証據爲基礎進行思考分析訓練,提供學習過程的同時,他們也將學習的內容重點放在社會群體的生活演變上。所以當學生一面學習如何利用史料証據解決問題之時;他們也在學習如何藉此推証出不同時代不同地方人的不同處世理念、價值與態度。❿換言之,學生之所以能產生上述歷史與人相關的體認,不只是來自方法的學習,也緣於內容的安排。

---

❾ Denis Shemilt, *History 13～16 Evaluation Study*, pp.21-23;25.

❿ Ibid. pp.4-6;22.

　　這種對生活史的強調態度，自然影響到國定課程大綱，以及據大綱所編寫的教科書們。在大綱的提示下（應教導學生英國中世紀歷史的主要特性及其留予現代世界的遺產。重心應放在中古君主制的發展，以及不列顛群島上人民的生活方式），所見的四本教科書都列了專章討論中古英國人的生活，以對應大綱中「中古的社會」與「中古的文化遺產」兩項子目。但是所謂生活史，究竟應該如何展現，才能真正讓學生感知到「人」的存在，仍是大問題。

　　如果只是平板地陳述過去的食衣住行，其實不能算是真正表現了生活的歷史，因為那是另一種知識的堆砌，是掌故閒談，卻不是歷史教育所要傳達的重點。如何才能生活化地讓學生了解過去人的生活，是必須經過設計的。以 N、C 兩書來說，其與生活史有關的章節計有：

　　N書：

　　　　第三章　生命的意義——中古教會
　　　　第四章　土地與人民——農業與村莊生活
　　　　第八章　工匠與商人——城鎮生活與貿易
　　　　第九章　麻煩的時期——黑死病與農民戰爭
　　　　第十章　英格蘭——村居生活、語言、宗教的變化⓫

⓫　其餘各章分別為：第一章〈從公爵到國王—諾曼人入侵〉；第二章〈征服者的統治—諾曼人的英格蘭〉；第五章〈國王治下—亨利二世治下的英王朝〉；第六章〈貴族的反抗—大憲章與議會之始〉；第七章〈與鄰爭戰—英格蘭與威爾斯、蘇格蘭〉。

C書：

第四章　村莊
第五章　城鎮與貿易
第六章　教會
第十章　健康與疾病
第十四章　文化⓬

表面看來，它們似乎已經做到大綱的要求，但是，它們散置在其他政治、外交事件之間，各成獨立的單元，既不易看出與時代整體的連結關係，在書寫方式上又偏重於課文的敘述，史料幾乎只是處於旁證的地位，以致於這些生活的面相還是以事實鋪陳的形式展現。因此對於學習者而言，很容易將其看成是與其他「事實(facts)」一樣需要背誦的東西。如N書第四章討論農村生活，詳盡地描述了農民的住家，從住屋的建材、形制、家具、衣料、餐飲，幾乎無所缺漏：

> Villein全家住在有一、兩個房間的小屋中。它們通常是以木材為骨架，加上夾條泥灰牆。屋頂以茅草或蘆葦鋪蓋。在房子裡面，踩得硬硬的地面上，鋪著村旁溪流邊採來的燈心草。窗子很小，上面遮著碎布或木板——玻璃太貴，農民用不起。所以小屋在窗戶關著的寒冷天氣中相當地暗，而且也

⓬　其餘各章分別為：第一章〈導論〉；第二章〈諾曼人入侵〉；第三章〈諾曼人征服〉；第七章〈亨利二世及其政府〉；第八章〈國王與貴族〉；第九章〈議會〉；第十一章〈大暴動〉；第十二章〈蘇格蘭、威爾斯與愛爾蘭〉；第十三章〈英格蘭與廣大的世界〉；第十五章〈結論〉。

很燻人——屋中央有個火灶。當時通常不設煙囪，煙只能從
縫隙散去。

家具是自製的：幾張凳子、一張桌子和一個衣箱。床上鋪著
幾袋稻草，再加羊毛毯子。家中的女人將羊毛紡織成粗布，
製成衣服。幾乎所需要的每樣東西都由家庭自製，或是由村
中做生意的人——如鐵匠供給。生活必需品中只有鹽和鐵向
外購買，其他的都可以自給自足。因為缺乏交通工具，大多
數的農民都不曾離家超過數哩遠。

Villein的三餐十分粗陋，而且很少變化。麵包和乳酪是最
基本的食物，也許會有個洋蔥調味，再灌進一點稀薄的麥酒
和蘋果汁。通常午餐中會有一小條魚或是一點醃肉，夏天時
還會有水果。當一天的工作結束，也許會有一鐵鍋的熱濃湯
(蔬菜湯)。每餐之後，大概會用草來擦拭木製餐具。(p.38)

就筆調語氣上看，這是以相當輕鬆的筆法，把中古的生活，很寫實
地呈現給英國的青少年；對學生而言，好像是很容易接近、消化的。但
是該如何看待生活在此種環境中的人，他們做為人的價值意義何在，他
們的生活與我們現在有何關係，卻都在敘述中消失了。

相對於此，O書採用了問題導引的方式來激發學生的思考，O
書在〈序言〉中提醒使用者(教師、學生)：

這本書是以探索中古生活為架構，其中心主題即「中古時代
是一個變化的時期」，學生可以依其能力的不同，完成不同
程度的探尋、回答。(p.2)

而在〈導論〉章中，則直接告訴學生說：

> 事實上，這整本書就是一種探索（investigation）。你將
> 去探索1066年後，亦即我們所謂的中世紀期間，不列顛地方
> 的生活是怎麼回事。在你的探索中，主要的問題是：中古時
> 代的生活依然如舊，或有所改變？(p.6)

O書的編者特別在〈序言〉中提醒使用者，他們在章節的結構
編排上，採取了比較有彈性的作法，所以「探索」的過程，可以依
章節次序，按照年代順序而行；也可以根據標題，分從四個課題切
入中古的生活：人民日常的生活與工作（計四章）、國王的權力（二
章）、宗教和人的關係（一章）、戰爭的影響（二章）。(p.2)而無論是
採用何種結構順序進行探索，全書的問題設計──各章、各部分的
討論提示──都指向一個方向，去考察各歷史事件、歷史人物是否
或如何造成生活上的變化。

在不斷比較、對照的練習中，學生不但要知道發生了什麼事情，而
且還要探討事情為什麼會發生，他們利用書中提供的資料，不斷地
發展或修正他們之前既有的觀念或偏見。⓭為了協助學生整理他們
的想法，在第五章結束時，也就是課程進行到一半的時候，作者設
計了一個單元，提出兩個問題：那些事件影響到人們的生活？生活
是否發生變化還是依然如故？最後一章〈完成探索〉，又再次提醒
學生省察他們對「過去的人：中古英格蘭」的想法。如：中古

⓭ 從最後一章〈完成探索〉的主題「中古是黑暗而又淒涼的時期？」或可窺知作
　者認為學生原先可能有的觀念或偏見是什麼。

的人高明嗎？中古的人過得舒適嗎？中古的人只喜歡戰鬥嗎？中古
的生活與今天相同抑或有別？

　　至於Ｍ書，雖未如Ｏ書一般地明確宣告其是以探索中古生活爲
基本架構，但是在整體的編排設計上，Ｍ書其實做了相當周詳的規
畫，全書共分六個課題：

　　從表面看來，全書只有一章處理〈中古時代的生活〉，但事實
上，作者除了在〈中古的風貌〉中已對1060年代的英國自然與人文
環境作了初步的介紹；在以〈諾曼人的入侵與定居〉點出中古的開
始時，也藉著檢討諾曼人何以能征服成功的課題，對封建制度的社
會結構有所說明。之後再以結構性的方式，分別從社會生活、國家
統治、國際關係等三個課題由內而外，全面性地層層展現中古英國
人與其環境（自然的、社會的）間的各種互動關係。正如Ｍ書作者在教
師手冊中所特別聲明者：他們是把所有國定課程學習綱目「內含」
(covered)在書的章節架構中，而不是呆板地一成不變地照抄。
(p.2)因此在篇章大綱的安排上，作者乃是以結構統合現象的方式，
將社會視爲一個有機的整體，既有延續也有變遷地將中古的英國史
（人）展現出來。

在後三個課題中，以社會生活所佔的篇幅最多。作者以農村爲基點，先討論其中居民的社會關係（階層關係、土地制度），物質條件（窮人與富人的日常衣食），再經由交通往來的情況（旅行）將焦點延伸到城鎮、市場。然後從宗教生活、對異類（猶太人）的寬容程度、如何解決人際糾紛（法律與正義）等方面檢討當時人的價值規範與處事態度。在對社會基層結構有了一定的認識之後，作者再將討論的焦點拉到統治這樣社會的國家。經由「中古君王所面對的難題」（p. 66）這個問題的提出，國家與社會的關係隨之展現，這包括：政教之間的衝突（大主教貝克被殺事件）、君主與貴族的爭執（大憲章與國會）、農民的不滿（農民暴動）；還有當時尚未納入版圖的蘇格蘭與威爾斯所構成的威脅。最後作者利用建築、貿易與語言等具象的生活面去思考英國當時的國際關係──〈英國──歐洲的一部分？〉

在這樣環環相扣，不可分割，著重整體結構大脈絡與長時段歷史趨勢的敘述中，「人」──尤其是「個人」──的獨特性與自由意志，是不是會因此而在長時段的歷史趨勢中被忽略或甚至被解消了呢？換言之，當我們用一種結構性的方式逐層深入，展現一種宏觀式的見解時，是否會使歷史發展看來過於簡單，只剩下一些樣板了呢？M書並未忽略這樣的問題，教師手冊中特別說明希望透過某些人物或個案的深度討論，來避免可能造成的刻板印象。（p.1）

於是，在諾曼人入侵的事件中，M書設計了「爲什麼1066是危機的一年？」「哈洛德對威廉：誰會贏？」「威廉如何取得控制？」這三個主題，一方面以資料說明哈洛德與威廉所遇到的問題與解決的方式，一方面要學生分別想像自己若是哈洛德與威廉，將要如何面對與處理所遭遇的問題。

　　帝王將相的生活重心原是由各種政治問題交織而成，在此，作者利用了角色扮演的方式，讓學生設身處地地去分析、檢討歷史人物曾有的舉措。爲了讓學生更清楚地了解哈洛德的困境，作者提出了這樣的一個問題：

> 假設你現在處於1066年夏天哈洛德的地位。你得到消息說威廉正在準備入侵，但你也知道Tosti與Harald Hardraada蠢蠢欲動。你會守衛南方海岸？北方海岸？還是同時守衛兩邊？慎重解釋你所要採取的行動。你必須考慮清楚誰比較強，還有誰比較可能先發動攻擊。」（p.11）

這樣的設計意在幫助學生進入歷史情境的氣氛；而最後的提醒（必須考慮清楚誰比較強），則無異是告訴學生，對於已成爲事實的過去，不能無所依憑地空想，必須根據實際的情境來立論。至於在說明威廉爲控制英格蘭所施行的一些措施之後，作者又設計了一項課堂活動：

> (a)你是一位英格蘭的貴族。準備一篇演講，向威廉抱怨他對英格蘭人所採取的殘酷手段。
> (b)然後寫一篇威廉對英格蘭貴族所作的答覆，解釋你爲什麼必須使用這些辦法。（p.17）

在這樣的活動中，學生必須先建構出整體的歷史情境，才能去設想威廉與貴族所面對的問題，進而探究他們如何因爲背景、立場的不同，以致於面對同一問題，卻有了不同的感受。於是，透過神入（empathy）──也就是一種能進入古人處境中，並能體會他們心理感

受，從他們的觀點來看事件與問題的同理心，一個個獨立且立場鮮明的古人在立體的歷史場景中浮現。唯這種對人、事的理解與諒解，乃是立基於對史料作深度解讀與判斷的能力。⓮

　　即使是在缺乏具體人物可以設想的日常生活史中，M書的作者也盡量讓生活以動態的方式呈現在讀者（＝學習者）的眼前。同樣是有關農民和地主的生活介紹，M書除了將窮人與富人的生活作並列的介紹；並且在小組活動中要求學生自己選擇一個足以顯示貧富有別的項目——例如食物——，就窮人與富人的生活進行比較。(p.39)於是在這樣的比較之中，學生對生活的細節做了動態的觀察，而非平面的知悉。至如「中古的旅行」一節則不但是藉著交通路線將農村與城鎮間的關係作了動態的連結。而且透過兩個活動將「人」在其中的相關地位突顯出來。

> 活動：你必須把羊毛從Carlisle運到London。利用這個單
> 　　　元中的資料幫助你計劃你的旅行：
> 　　　(a)你將使用什麼樣的運送方式？
> 　　　(b)你將經過那些地方？
> 　　　(c)你將遇到什麼問題？
> 　　　你的老師將給你一篇Cynthia Harnett的小說《一

⓮　在〈國家的統治〉一章中，作者也是藉著「中古君王所面對的難題」這個問題的引帶，幫助學生體察亨利二世、約翰王等多位統治者在政教衝突、君主與貴族的爭執、農民暴動等問題中的角色。作者提供了正反多面的史料讓學生重建當時的歷史情境，設想不同立場、性格的人在面對同一問題時何以會有不同的反應。

細羊毛》的摘錄。(p.44)

活動：你是中古時期一個正在英格蘭旅行的法蘭西人，用
　　　你從史料一到廿五所學到的寫一封信回家，介紹英
　　　格蘭人旅行的情況，記得要提到：

(a)是否有很多道路？

(b)是否只有富人旅行？

(c)人們是否常常旅行？

(d)人們是否做長途旅行？

(e)人們為何旅行？

(f)若要肯定地回答這些問題，証據是否足夠？

(p.45)

　　相對於 O 書以時序的變遷為其主軸，M 書更讓學生同時認識到
社會內在各種力量的橫向糾結關係。因此全書的重心除了中古人的
生活狀況，更著重在中古人是如何面對其生活的問題。所謂的生活
不再只限於食、衣、住、行，無論是帝王將相還是平民百姓，都有
其各自需要去面對與解決的「生活」問題。他們如何面對自己所處
的環境──他們處理的態度，採取的手段，得到的結果，他們的智
慧，他們的不足，都成為可以討論的課題，而「人生」也就在這樣
的脈絡中展現。換言之，這其實是利用生活的問題來勾勒歷史的發
展，在這樣的歷史書寫中，古人不再只是學習的典範，或是供借鑒
的樣板，或是愚笨不知變通的傻瓜。而他們的生活（包括我們原本認為
學生應該學習的歷史事件）才能成為我們會關心且可以印証比較的生活。

　　不過，經由生活史的脈絡展現「人」與其環境間的相應關係，

在有具體事件可以探究的重要歷史人物——有名有姓的實存人物身上，的確較易著力；至於隱伏在歷史洪流中的芸芸眾生，除了藉由問題與活動設計的模擬想像，是否還有其他方法可行呢？

三、虛構與真實之間

索羅德 Thorold 擦去眼中的汗，再次握緊他的戰斧。山丘腳下，諾曼騎士們已重新結集準備再次進攻。索羅德不知道戰爭還要持續多久。他覺得仗好像永遠不會有打完的時候。現在該是決戰的時刻了。當諾曼騎士衝上小丘時，索羅德覺得連大地都在發抖。他躲在盾牌後面，等著箭雨過去，如雷的蹄聲告訴他，騎士們幾乎已經站在英格蘭人的盾牌上了……⋯(p.3)

這是O書〈導論〉章第一頁的一段故事，也就是說O書在一開始就用了一個虛擬的故事為中古時代揭開序幕，讓學生和英格蘭戰士索羅德一起「體知」諾曼人的征服。無獨有偶，C書也虛構了一位諾曼戰士，並藉他的口陳述他所知見的赫斯汀戰役。(p.7)至於M書則在敘述諾曼人入侵，發動拂曉攻擊時，虛構了一個小男孩與一個小女孩在崖邊看見諾曼船隊跨海而來。(p.6)

其中，M書或許只是要以較生活化的方式帶引出英國史上的大事——諾曼入侵，所以藉由小男孩與小女孩的活動作為一個引子來烘托大歷史的發展。唯M書中雖不乏讓學生發揮歷史想像，神入中世紀生活的角色扮演活動（如前引「中古的旅行」）；但在課文的歷史敘述中加入虛構的人物卻只有此一處。相對於此，O書與C書的作

者就較喜直接利用虛擬的人物、故事鋪陳歷史的情境。

例如在〈生活與工作㈠——諾曼征服的影響〉章中，O書的作者一面介紹村中居民的組成狀況，一面直接用名字稱呼其中的教士、地主、農人等各色人，這一方面使得村民的角色生動起來，另一方面也恰與該章所欲討論的一個主題——受諾曼征服影響而使法文名字逐漸普遍化——相呼應。至於〈生活與工作㈢——黑死病的影響〉、〈戰爭中的英格蘭㈡：1300-1500〉兩章的篇首，O書的作者又分別以「大災難」、「一個英國長弓手」為題，用兩個虛構的人物為主角，去勾勒黑死病侵襲下的農村與英法百年戰爭的戰場景況。(p.42；p.63)其中「大災難」的故事不但述說了黑死病的可怕，也順帶描繪出中古農村的生活環境。

比較起來，C書可以說是使用虛擬手法最力的一套教科書，作者在每一章都安排了所謂的「焦點Focus」頁，除了諾曼戰士口述的「赫斯汀戰役」，還有仿現代新聞報導的「英格蘭反抗行動瓦解」(p.11)、老農奴哀嘆冬季難挨的「無名氏的日記」(p.17)、審判惡酒商的「髒腳丫法庭」(p.25)、一位年輕人談論「宮廷生活」的信札(p.87)等等。其中不乏虛構的人物以及想像的情節。

這種以虛擬人物鋪陳歷史情境的表現方式，對於向來習慣歷史是真實的我們，似乎相當難以接受。難以接受的原因是——如此的虛構如何等同於歷史？這會不會使歷史變成了小說？事實上，這樣的問題就連C書的作者也不太能真正面對，因此他在書前特別提醒教師，這些「焦點」頁「是要吸引讀者，激起他們的好奇心，引發問題。」他不但先聲明：「所有的『焦點』頁，都是根據中古的原

始資料寫成。」❶而且還在每章一開始的「主題Themes」項下分別
說明其描述是根據諾曼人所記的資料；或是利用教士所留下的中古
農民生活資料。作者似乎想要營造出一種印象——這些歷史敘述的
資料是真的，故它們乃是有根據的，至於虛擬人物的書寫方式則被
試圖單純化為一種吸引學生的手段。

　　相對於此，O書的作者則嘗試以釐清歷史學科的特質來面對可
能有的質疑，他們在〈導論〉正文的開始就對此做了說明：

　　　這是一個有關赫斯汀戰役的故事。這次戰役與結果都是真的，不
　　　過我們不知道英國軍隊中是否真有一個人叫做索羅德
　　　Thorold。我們當然不知道他是怎麼想的。你曾希望在歷史
　　　書中找到一個這樣的故事嗎？許多人或許會很驚訝，因為他
　　　們總想著歷史書都是無趣的，只有我們確定的事實。
　　　歷史不可能只有事實，因為有很多事情我們都不確定。這是
　　　因為資料sources——檔案或是過去留存的東西——不會告
　　　訴我們全部的真象。它們可能會失落一些事件，或是對於事
　　　情為什麼發生有不同的意見。而我們必須像猜謎一樣地找出
　　　什麼事情真的發生過了，那是很有趣的事。(p.4)

　　O書作者對於後人無法全面掌握歷史的承認，可以讓我們反省
到我們對歷史知識掌握的有限性——這正是我們原本一直所不願承
認的。事實上，歷史一旦發生之後，所有遺存下來的史料都只能是
片斷，即使將所有的片斷總合起來也無法使「過去」全然復原。因

---

❶　Ros Adams, *Medieval Realms,* p.2,"Note to teachers".

爲歷史從發生到爲人所知見，其實是一連串不斷失落的過程之組合。下圖即嘗試以「→」表示歷史知識的傳遞，「…」表示傳遞時的失落來表現此一延續中又有失落的過程：

發生→…觀察→…記憶→…記錄→…解讀

總之，歷史從發生而得被人所觀察，存留在人的記憶中，由人以文字或圖像加以記錄，然後呈現在後人的眼前，讓後人閱讀，其間每一個環節都無法做到完全的傳遞。在此過程之中，人的觀察不但受到先天感官的限制，無法窺得事件的全貌；也因爲後天觀感的阻礙，難以跳脫自身的立場。❶❻至於人的記憶，除了生理性的遺忘過去；還有受社會、文化或是個人喜惡等現實因素影響，具有選擇性的結構性健忘(structural amnesia)。記憶非但是片段的，也經常是扭曲的。在表面上，記憶可以靠著各種具形的或是可見可聞的文字、圖像、實物，或是口傳的話語來保存與傳遞，但其實唯有當人們想起它們時，這些媒體才能呈現其與「過去」的關係。❶❼問題是人類根本就沒有純粹、透明、客觀、未被解釋的溝通媒介可用。因爲任何人都有自己的立足點（包括他自己的與他的時代的），而任何表達思想或描述過去的溝通媒介都不可能完全透明且絕對中立（中立也有其所以立的立足點）。❶❽換言之，任何媒介其實都無法有效地、

---

❶❻ 這也就是英國哲學家培根(Francis Bacon)在其《新工具》一書中曾經提到的「種族的偶像」、「洞穴的偶像」，參考劉岱，《中國文化新論 序論篇 不廢江河萬古流》（台北，聯經，1981）頁24-26。

❶❼ 王明珂，<集體歷史記憶與族群認同>，《當代》第91期(1993,11)，頁6-17

❶❽ 英國史家卡耳（E. H. Carr）說：歷史是史家與事實間永無止盡的對話。見氏

完全地將前人心中的影像提供給閱聽者。更何況閱聽者的接收動作
也是一種有立場的選擇性再觀察。

那麼，面對歷史記述無可避免的不完整性，我們又當如何去連
綴僅得的資料，重構過往，以求讓後人有所知見呢？以傳述真實歷
史人物為寫作目的的史學「傳記」作品，曾因為執著於「史實」，
不願憑想像去刻畫人物的個性，而被批評為「祇是一組一組事件的
排列」。為了要「把人寫成人」，如朱東潤者便主張：須以傳記文
學的文學手法，把傳主的人性完全寫出，使我們在檔案、行動和議
論的煙障後面，看到血肉的人身。❶

從表面上看，這種有關「人物」敘述、重建究屬文學或史學的
爭執，只是表現技巧的問題，其實其間尚牽涉到向來區別文、史的
一大關鍵——虛構與真實。章學誠曾說：「文士撰文，惟恐不自己

著，王任光譯，《歷史論集》，頁23。柯靈烏（Collingwood）則說：每個人
都帶著他自己和他的時代的觀點來研究歷史。見R.G. Collingwood, "The
Philosophy of History" in *Essays in the Philosophy of History*, ed. by
William Debbins(Austin and London: University of Texas Press, 1976),
vol.9 p.16. 海登・懷特（Hayden White）則從語言的本質來討論這個問題，
參考氏著，＜描繪逝去時代的性質：文學理論與歷史寫作＞，收入拉爾夫・科
恩主編，程錫麟等譯，《文學理論的未來》，頁48。

❶ 中國傳記向列於史部，民國廿二年夏，胡適《四十自述》問世，自序稱：「我
在這十幾年中，因為深深地感覺中國最缺乏傳記的文學，所以到處勸我的老輩
朋友寫他們的自傳。」傳記的文學一詞因此喊開。朱東潤則名之為「傳敘文學」，
朱氏還強調，凡是和這個人性發展有關的，都是傳敘家的材料。歷史上的大事，
倘是寫進傳敘，牠的功用止在幫助傳敘的發展，一切事態只是因著人的存在而
在。而和人性發展有關的事態，不一定是歷史上的大事。見朱東潤，〈中國傳
敘文學的過去與將來〉，《學林》（開明書局）第八輯（民國30年8月）頁27。

出；史家之文，惟恐出之於己，其大本先不同矣。史體述而不造，史文而出於己，是爲言之無徵，無徵，且不信於後也。」但是新的文學批評卻打破了這個眞實虛構二分的界限，他們認爲，文學此一事實的存在，端賴此一事實與文學和非文學秩序的關係。文學研究既已日益關懷論述如何建構意義的問題，以往視「虛構性」、「發明」或「想像」爲文學區別特徵的說法，自然地受到嘲弄與質疑。❷

除了擴大文學研究的對象，文學批評家們也質疑人物的敍述與重建隸屬史學範疇的記實性。記述眞實歷史人物的傳記當然不是虛構的，但是傳記所呈現的世界亦不見得是眞實的。傳記雖然是根據傳主的生平而產生，但是所有對傳主的任何認識都是透過之前其他傳記家的中介（當然也包括傳主自己），而這一切史料的記載，又無不經過各個作者的詮釋視域的過濾。亦即當傳記家賦予一個人物某種目的論的形象時，他必然加入了自己的想像以連綴手邊已有的史事。一個人物不但會有無數的傳記出現，而且沒有一本傳記沒有虛構的成分，也沒有一本是可以蓋棺論定的(definitive)。❷

---

❷ 章學誠，〈與陳觀民工部論史學〉，收入《文史通義》(臺北鼎文書局彙印本)，頁585。

❷ 李有成，〈論自傳〉，《當代》第55期(1990.11)，頁20-23。

❷ 關於作者必須透過詮釋視域，才能與被頌傳對象同步（synchronized），以進行敍述的問題，參見張漢良，〈傳記的幾個詮釋問題〉，《當代》第56期(1990.12)，頁34-35。

又李有成，〈論自傳〉，曾論述自傳所敍傳主生平其實是現在視角所創造的，是自傳計劃的產物，他引De Man, Paul之言：「我們眞的那麼確定自傳仰賴指涉，就像照片仰賴其主體或（寫實）圖畫仰賴其模型嗎？我們假定生平產生自傳，就像行爲產生結果一樣，但同樣的道理，我們難道不能說，自傳計劃本身也可以產生並決定生平，而且作者做些什麼其實都受制於其自畫像的技巧要求，

　　不過，文學批評家雖然証實了人物傳記的虛構性，當代的史學家亦未迴避歷史記述無法與過去等同，無法「復原真實」的本質問題。他們坦承：史學家在利用資料重建歷史之時，將無可避免地加入自己的詮釋。因為史家是以論述 discourse 重建過去，故當其權衡需要，選擇某些事實，捨棄某些事實，或是用想像去填補某些缺漏時，其所呈現的世界自然會與真實的過去有著距離。同時正因為史家可以在証據的支持下進行不同但都合理的虛構，用遺跡為証據重建的「過去」，也就可以無限地予以重新描述。❷❸

　　既然我們承認包含人物書寫在內的歷史書寫具有其不可避免的虛構成分，那麼，我們是否還需要堅持歷史敘述只限於真實存在的人物呢？要回答這樣的問題，或許我們應該先問：學習歷史的目的究竟為何？誠如凱斯・詹京斯（Keith Jenkins）所言，面對後現代主義者將一切歸於符號，強調記錄虛構性的無過去論，我們已無法把歷史學當作「追求對過去真知的實體學問（也就是它傳統的外表）」，

────────────

因此各方面是被其媒介之策略所決定的。」見《當代》第56期，頁56-57。這樣的關係應該也適用於傳記的討論，還有歷史的書寫。

❷❸ Hayden White在討論歷史敘事時曾說：「檔案中的史料總是過多，史學家無法盡納入在其呈現歷史過程中某一片斷的敘事中。因此，史學家必須「詮釋」其資料，而某些因不合其敘事目的而不得不自其敘述中加以捨棄。另一方面，史學家設法重建某一歷史時代中所「發生之諸事」時，因史料闕如，不足以對歷史事件提供看似可信的解釋，史學家難免會在其敘事中納入某事件或某些事件。這也意味著史學家必須「詮釋」其材料，或以推論，或以臆測彌補其資料的缺漏。」見氏著 *Tropics of Discourse: Essays in Cultural Criticism* (Baltimore and London: The Johns Hopkins Univ. Press, 1978) p.51. 譯文引自李有成，〈論自傳〉，《當代》第56期，頁57-58。

又參考凱斯・詹京斯Keith Jenkins著，賈士蘅譯，《歷史的再思考》（台北，麥田出版社，1996）一書對後現代歷史學所作綜合性的討論。

但它可以是一種「使具有現代思想的人了解過去的推理辦法」。❷
換句話說，歷史的學習不可能再如過去一般地去背誦所謂眞實的知
識，而是要使學生對異時代人類的問題有所理解，進而「神入」古人
世界，並且藉由學習了解古人，培養其對現實生活中人、事的關懷。

　　要培養學生進入過去者處境，並體會他們心理感受的能力，並
不是說，長久以來一直爲我們重視的求眞、客觀已然由學習歷史者
追求的眞理退居史學史的位置，因爲重建過去的論述仍有賴於對證
據的理解與掌握。但是在歷史／人物的書寫上，與其斤斤計較於人
物的實存與否，不如多花些力氣在情境的鋪陳與展現。易言之，歷
史書寫——尤其是教科書寫作——的重心，不能再是以知識累積爲
主的重要事件敘述，而應儘量著重於人在某種歷史情境中之可能表
現。O、C書以虛構人物做爲無數參與歷史發展的芸芸大眾的代表，再
將虛構人物的生活奠基於我們努力趨近眞實的歷史情境中，這種傳
遞歷史的方式確實是要比N書對事物採取詳盡而又具體的敘述來得
生動、活潑許多。也讓學生在學習歷史時，更容易親近歷史，感受
到歷史是由一個個和他們一樣有血有肉有感情的人組成。

四、結　語

　　歷史原是人與事的組合，在歷史研究中，要「重現」重要人物
——如帝王將相——本是較容易的。因爲我們可以取得的資料絕大
多數是直接描述他們的事蹟，甚至他們自己就是撰寫史料、留下史
料的人。雖然佔了這樣的優勢，這些「重要人物」卻往往被塑造成

---

❷　凱斯・詹京斯，《歷史的再思考》，頁153-154。

豐功偉業的執行機器，嗅不到「人」的氣味。面對這樣的人物，如何在書寫時「神入」地深入他們的心靈，盡量捕捉他們的情感、情緒——還給他們人性，是值得從事歷史研究與歷史教育者努力思考的問題。因為唯有在這樣的書寫下，他們才是真正曾經活於人世的人；他們的事蹟也才是人們真正以心血走出來的故事——故人之事。

另一方面，限於史料，我們幾乎無法描繪出隱伏在歷史洪流中芸芸大眾的確切面容。我們只有在不易察覺的細微史料中，以各種不同的群體為單位（如農人、商人、女人、僧侶），尋找他們的食、衣、住、行，探索他們的喜、怒、哀、樂，再勾勒出他們所處的生活環境、想法觀念。但那仍只是一種初步的了解，如果只是平板地、流水式地敘述當時人生活中的點點滴滴，那與單純敘述大人物的豐功偉業又有什麼差別。雖然無數的市井小民沒有個人的明確生平可以書寫，但是既然真人實事，也在歷史無法完全還原的本質限制下，無法完全「重現」，那麼以虛構的方式將無特殊面目的小人物安置在真實可証的歷史情境中，以解讀他們的心情，似乎也是值得一試的辦法。

歷史是一門兼具理性與感性的學門。在理性的要求下，我們希望能極盡可能地掌握所見的史料，就不同說法的史料進行討論與推證，於承認永遠無法達到全然真實的前提下，藉由各種管道，盡量趨近事實的真相。但是歷史既是由人所寫成，自然就有人的因素參雜其中，無法拋開每個人不同的情緒、感情；否則，所有歷史中的人物都將只是擺設在繪製華麗的舞臺布景前的細緻紙娃娃而已。學習歷史原是在學習一種面對、論証、辨明人、事的能力，使我們不致迷失在現代豐富而又複雜的資訊中；因為歷史上人事無法完全還

原的認知侷限，其實也存在於現實生活的人際關係間。歷史之所以值得學習，正是因為它原是人們面對生活時所需要的基本技能。

　　但我們要如何才能將這樣的訊息透過歷史課程傳達給學生？如何才能適當地書寫出適用的教科書供教師使用？英國國定課程的設訂與新教科書的推出，歷經了二十多年的漫漫長路，但是在理念與實際之間仍難盡落實如人意。其實教科書的撰寫原本就是相當艱難的工作，因為除了要書寫出有血有肉的歷史人物，更要教導學生如何去了解這些各有其歷史情境依存的歷史人物。而後者的搭建乃是比單純地呈現人物更要困難的工作。因為寫作的人不但要能理解古人，更要清楚地意識自己是如何去了解古人，同時也要明白學生可以經過何種學習過程去了解古人。回顧國內現狀，英國教科書的教學新法或許陳義太高，但其所提供的經驗，仍然值得我們借鏡與深思。

評 論

林 慈 淑

　　這篇文章主要從四本談中世紀的不同出版社出的教科書，透過藍本的分析、比較來引出在歷史教科書或我們的歷史著作，歷史教育中如何表現人的生活，這是作者非常關切的主題。從這個主題，劉教授談到歷史教育與歷史寫作當中很重要的一個課題——怎樣去呈現整體的社會生活，而這個社會生活是涵蓋了從物質、心態到精神。另外就是在社會整體的生活當中，又如何去呈現個人的主體性以及個人跟環境的互動，個人在面對情勢的動靜轉折，這些可能是劉教授在整篇文章中非常希望能去談到的重心。

　　我自己在看的過程當中，我覺得她提出幾個很值得我們大家可以進一步深思的就是：第一個是她所談的人是一個立體的人，這個立體的人不是只有名，有姓、有事、有功，他不是只有吃穿，他是一個會思考、有反應，他有抉擇，有挫折，生活在一個所謂的群體結構當中，這樣的人有他的情感，有他必須面臨的問題。這是她在當中談到的很重要的一個點。第二點是生活是一個動態的生活，在我們任何看到的生活面，或任何的現象、任何的事件背後總是有很多的因素，包括物質的、精神的、偶發的、長程的，這樣各種因素交錯，構成一幅幅我們所謂的歷史的圖象。在這兩個前提之下，因此歷史很重要的應是需要去呈現這樣一個重要的課題，一個所謂人的生活的歷史。從這裡又引出怎樣去呈現人生活的歷史的課題。這

可能需要從我們的教科書內容的安排，整個篇章的結構上，甚至敘述本身是不是須要去拘泥於求真的這個標準，是不是可以更活潑地傳達所謂人的生活的歷史。這篇的觀點都是我自己非常認同的，我覺得劉教授這篇文章在這當中提出幾個很重要的、對我們歷史教育或歷史教科書非常重要的思考方向，非常值得大家進一步去思考。

我自己有一個疑惑就是在第三部分的地方：虛構與真實之間。劉教授在剛開始就引了一段Oxford中世紀領域這本書導論的一個小故事，也提到說另外的兩本書像C書以及M書都有類似所謂用虛構的人物來引出作者所想要談的歷史事實或情境。據我所知，M書這裡面談的是小男孩與小女孩在早上做完應做的家事後，於清晨五點來到海邊，坐在海岸邊休息，然後遠遠看到海洋上有非常多的黑點，作者是從這兩個虛構的人物想要引出諾曼第人登陸英國的氣氛與情境。在我的印象裡面，這樣一個虛構的人物，他其實是做為一個引子，它不是主體，與所謂歷史當中去表現人跟社會互動之間的關係來講似無關連。因為劉教授從這以下所談的是歷史本身在敘述的過程中有其虛構性，這當然意指我們對所謂真實、真實的史料或真實的姓名、真實的歷史人物可能仍有它虛構的成分，但那跟M書在我印象中用虛構人物當引子而非主體的印象有差距。從這裡我又引發另一個疑問：在歷史教科書當中常常出現的許多虛構人物其實多未必是用來表現人的主體性，反而通常是用來作為一個引子，做為一個陪襯出這個教科書作者想要傳達的某些歷史事件的意境，比如說戰爭的殘酷，一般生活中的音樂，而少有把重心放在虛構的人物上。這是不是說教科書在虛構的人物的處理上，就只能用這種方式呈現，有其限制性，這是我想向劉教授請教的。謝謝。

故宮檔案的整理開放與清史研究

莊 吉 發

國立故宮博物院研究員

一、前 言

　　史料是探討歷史事件的資料或記錄，除文字記載外，其他如圖畫、實物，包括器用、建築、碑刻、遺址等，以及非書寫的資料，如口述的傳說、童謠或口述歷史等，都是史料，沒有史料，便沒有史學。我國歷代文物的收藏，因各地方欠缺類似現代博物館性質的組織，而集中於宮廷。但因政權遞嬗，宮中文物，頗有損失。

　　大致而言，史料可以分為直接史料與間接史料，前者又叫做第一手史料，或稱原始史料；後者又叫做第二手史料，或稱為轉手史料。以檔案與官書為例，檔案是屬於直接史料，其可信度較高；官書則為間接史料，其可信度不及檔案。明清時期，與我們時代較近，史料浩瀚，但因戰亂及改朝換代，史料多有殘闕。清聖祖康熙二十二年（1683）八月廿八日晨，康熙皇帝御乾清宮，學士牛鈕等奏稱：「天啓朝實錄有殘缺，崇禎朝無實錄。」❶由此可知無論是直接史

---

❶　《康熙起居注》（北京：中華書局，1984年8月），第二冊，頁1059，康熙二十二年八月二十八日，據牛鈕奏。

料或間接史料，常因時間而湮沒，或因人爲的因素而流失，探討歷史事件，很難完全掌握一切有關的史料。而且記載的歷史與客觀的事實，兩者之間，也是有距離的，一個誠實的史學家雖然應當儘量發掘可信度較高的直接史料，但他必須抱著「有幾分證據說幾分話，有七分證據不能說八分話」的態度，使記載的歷史儘可能接近客觀的事實，與眞實的歷史，彼此吻合。

　　檔案的整理與開放，頗能帶動歷史的研究。近數十年來，由於檔案的不斷發現與積極整理，使清代史的研究，逐漸走上新的途徑，擴大清史的研究領域。清宮檔案，可謂汗牛充棟，故宮博物院即由清宮遞嬗而來。清遜帝溥儀退位後，宣佈共和，民國政府公佈皇室優待條件。民國六年（1917）七月，張勳復辟，破壞國體，違反優待條件。民國十三年（1924）十一月五日，攝政內閣總理黃郛代表民意，修正皇室優待條件，廢除皇帝尊號，溥儀即日遷出紫禁城，並交出國璽及各皇宮。國務院組織辦理清室善後委員會，以接收清宮，敦聘李煜瀛爲委員長。李煜瀛，字石曾，早年赴法留學，並加入革命黨，深悉巴黎羅浮宮（Louvre）爲昔日法國王宮，大革命後改成博物館，返國後即倡議改清宮爲博物院，以利中外人士的參觀。❷同年十一月二十日，李煜瀛正式就職任事，辦理清室善後委員會開始分組點查清宮物品。民國十四年（1925）九月廿九日，因點查工作將次告竣，爲遵照組織條例的規定，並執行攝政內閣的命令，辦理清室善後委員會乃籌備組織故宮博物院。同年十月十日雙十節，在乾清

---

❷　蔣復璁(著)，《國立故宮博物院的認識》（台北：國立故宮博物院，民70年5月），頁1。

門內舉行開幕典禮，北平故宮博物院正式成立。

北平故宮博物院的成立，不僅成爲中外人士參觀遊覽之所，其有裨於清宮文物的保全，更是功不可沒。北平故宮博物院成立後，即在圖書館下設文獻部，以南三所爲辦公處，開始集中宮內各處檔案。民國十四年（1925）十二月，提取東華門外宗人府玉牒及檔案存放寧壽門外東西院。民國十五年（1926）一月，向國務院接收清代軍機處檔案，移存大高殿。同年二月，著手整理軍機處檔案。八月，提取內務府檔案，存放南三所。民國十六年（1927）十一月，改文獻部爲掌故部。民國十七年（1928）六月，接收東華門內清史館。民國十八年（1929）三月，改掌故部爲文獻館。同年八月，著手整理宮中懋勤殿檔案及內務府檔案。九月，接收清代刑部檔案，移存大高殿。十月，清史館檔案移存南三所。十一月，清史館起居注稿本移存南三所。十二月，整理清史館檔案；壽皇殿方略移存大高殿。民國十九年（1930）三月，提取實錄庫所存漢文實錄及起居注冊，移存大高殿。六月，清理皇史宬實錄。八月，整理乾清宮實錄。民國二十年（1931）一月，著手整理內閣大庫檔案。❸

九一八事變後，華北局勢動盪不安，爲謀文物的安全，北平故宮博物院決定南遷。民國二十一年（1932）八月，文獻館所保存的各種檔案物件，開始裝箱編號。十一月，北平故宮博物院改隸行政院。民國二十二年（1933）二月六日起，文物分批南遷至上海。民國二十三年（1934）十月二日，公佈修正國立故宮博物院組織條例。民國二十

---

❸　《文獻論叢》（台北：台聯國風出版社，民56年10月），附錄：＜文獻館大事表＞，頁1～13。

五年（1936）八月，南京朝天宮庫房落成。十二月八日，文物由上海再遷南京朝天宮。七七事變發生後，文物疏散後方，分存川黔各地。抗戰勝利後，文物由後方運回南京。

民國三十九年（1948）十二月，徐蚌戰事吃緊，北平故宮博物院與南京中央博物院籌備處決議甄選文物精品，分批遷運台灣。民國三十八年（1949），遷台文物存放於台中北溝。同年八月，北平故宮博物院、中央博物院籌備處等單位合併組織聯合管理處。民國四十四年（1955）十一月，改組為國立故宮中央博物院聯合管理處。民國五十年（1961），行政院在台北市郊士林外雙溪為兩院建築新廈。民國五十四年（1965）八月，新廈落成，行政院公佈國立故宮博物院管理委員會臨時組織規程，明定設立國立故宮博物院，中央博物院籌備處文物，暫交國立故宮博物院保管使用。新址為紀念孫中山先生百歲誕辰，又稱中山博物院。同年十一月十二日，正式開幕。

民國三十八年（1949）一月，中共文管會接收北平故宮博物院，以後改稱北京故宮博物院。民國四十年（1951）五月，文獻館改稱檔案館，將原管圖像、輿圖、冠服、樂器、兵器等移交北京故宮博物院保管部，從此，檔案館成為專門的檔案機構。民國四十四年（1955）十二月，檔案館移交中共檔案局，改稱第一歷史檔案館。民國四十七年（1958）六月，第一歷史檔案館改名為明清檔案館。民國四十八年（1959）十月，明清檔案館併入中共中央檔案館，改稱明清檔案部。民國六十九年（1980）四月，明清檔案部由中共國家檔案局接收，改稱中國第一歷史檔案館。❹

---

❹　《中國第一歷史檔案館館藏檔案概述》（北京：檔案出版社，1985年6月），頁3。

　　北平故宮博物院原藏明清檔案，從民國三十八年（1949）以後，分存海峽兩岸。北平故宮博物院文獻館南遷的明清檔案，共計3773箱，其中遷運來台由國立故宮博物院典藏者，計204箱，共約四十萬件冊。北京中國第一歷史檔案館現藏明清檔案，共74個全宗，一千餘萬件，明代檔案只有三千多件，以清代檔案佔絕大多數。從時間上看，包括滿洲入關前明神宗萬曆三十五年（1607）至入主中原末期宣統三年（1911），此外還有溥儀退位後至民國二十九年（1940）的檔案。從所屬全宗看，有中央國家機關的檔案，有管理皇族和宮廷事務機關的檔案，有軍事機構的檔案，有地方機關的檔案，也有個人全宗的檔案。從檔案種類和名稱來看，其上行文書、下行文書、平行文書及特定用途的文書包括：制、詔、誥、敕書、題、奏、表、箋、咨、移、札、片、稟、呈、照、單、函、電、圖、冊等等。從文字上看，絕大部分是漢文檔案，其次是滿文及滿漢合璧檔案，此外也有少量的外交檔案及少數民族文字檔案。

　　國立故宮博物院現藏清代檔案，按照清宮當年存放的地點，大致可以分為《宮中檔》、《軍機處檔》、《內閣部院檔》、《史館檔》及各項雜檔等五大類，其數量雖尚不及南遷十分之一，然各類略具，史料價值頗高。在今日原始資料日漸湮滅之際，即此殘膡之餘，亦足提供治清史者考研之資。為便於查閱檔案，先後出版《國立故宮博物院清代文獻檔案總目》、《國立故宮博物院清代文獻傳包傳稿人名索引》、《故宮檔案述要》等工具書。國內治清史者不當捨近求遠，熟悉國立故宮博物院現藏檔案的內容，充分利用，然後到一史館，就是專攻清史的唯一捷徑。

二、奏摺制度的起源與《宮中檔》的由來

　　國立故宮博物院現藏《宮中檔》，主要為清代各朝君主親手御
批及軍機大臣奉旨代批的滿漢文奏摺及其附件。明初定制，臣工本
章，上於東宮者，稱為啓本，封面居中上方書一「啓」字；循常例
行公事，使用題本，封面居中上方書一「題」字；臣工本身私事，
使用奏本，封面居中上方書一「奏」字。清初本章，沿襲明代舊制
·公題私奏，相輔而行。各省將軍、總督、巡撫、提督、總兵、學
政、鹽政、順天等府尹及盛京五部題奏本章，俱由通政使司轉送內
閣，稱為通本；京內各部院府寺監衙門題奏本章，附於吏、戶、禮、兵、
刑、工六部之後，逕送內閣，稱為部本。通本與部本皆先經內閣大
學士票擬，擬寫票籤，或雙籤，或三籤。票擬籤詞，或書「知道了」，
或擬「該部知道」，或票「依議」等字樣，進呈御覽，以候欽定。
皇帝或照票籤所擬，選定一籤，或奉硃筆改定，另有諭旨。俟奉旨
發下後，由批本處翰林中書等照旨批寫滿字，漢學士批寫漢字，皆
用紅筆批於本章封面，因俱以朱書，故稱紅本。本章批紅後，即交
收發紅本處。

　　清初採行的奏摺，也是臣工進呈皇帝的書面報告，其正式出現，當
在康熙前期，❺是沿襲明代奏本形式而損益之的一種新制度。題本、

---

❺　《清世祖章皇帝實錄》，卷102，頁4，順治十三年六月甲申條記載：「向來科
　　道及在京滿漢各官奏摺俱送內院，今後悉照部例，逕詣宮門陳奏。」康熙二十
　　一年，清聖祖命開史館，纂修清世祖實錄。雍正十二年，重加校訂，畫一譯音，
　　乾隆四年，校竣成書。利用清世祖實錄考證奏摺制度的起源，有待商榷。實錄
　　內出現的「奏摺」，似為部本中的奏本，畫一譯音時誤為奏摺。

奏本、咨呈、稟文等類文書，都是摺疊成本，奏摺也是摺疊成本，但奏摺並非因摺疊而得名。就清初而言，奏摺的「摺」，就是「摺子」，其原始意義為清單，滿文讀如“jedz”，是漢文「摺子」的音譯，例如引見摺子，開列引見人員姓名職稱出身等項；糧價清單，開列各府上中下米價，此外尚有各種數目清單，原先是題奏本章的附件。康熙初年以來，摺子的含義，已不限於清單，逐漸成為一種簡便書信或文書的名稱，例如將請安奏摺，習稱為請安摺子，含義已經擴大。因此，所謂奏摺，就文書意義而言，一方面可以說是奏本與摺子的結合名詞，一方面可以說是口語「摺子」的正式名稱。簡單地說，摺子，有時是指清單，有時是指奏摺，可以通用。

奏摺雖由傳統的奏本因革損益而來，但奏摺與奏本是兩種不同的文書，不可混為一談。定例督撫等題奏本章，均須投送通政使司轉遞內閣，奏摺例應徑呈御覽，直達天聽，不經通政使司轉遞，不由大學士票擬。奏本與題本的主要區別是在於文書內容的公私問題，奏摺則相對於傳統例行文書的缺乏效率及不能保密而言，不在內容公私的區別，凡涉及機密事件，或多所顧忌，或有滋擾更張之請，或有不便顯言之處，或慮獲風聞不實之咎等等，俱在摺奏之列。奏摺一方面可以說是皇帝刺探外事的工具，一方面則為文武親信向皇室內廷密陳聞見的文書。

清聖祖在位期間，奏摺奉御批發還原奏人後，尚無繳回內廷的規定。清世宗即位，始命內外臣工將御批奏摺查收呈繳，嗣後繳批遂成定例，雖硃批「覽」，或「朕安」一、二字者，亦不准隱匿，否則必從重治罪。御批奏摺繳還宮中後，貯存於懋勤殿及保和殿東西廡中，因這批檔案原先存放於宮中，所以被稱為宮中檔。國立故

宮博物院現存宮中檔奏摺，共計十五萬八千餘件。就御批而言，有
硃批奏摺、墨批奏摺、藍批奏摺，也有未奉御批的摺件。臣工進呈
御覽的奏摺，照例以硃筆批諭發還原奏人。皇帝守喪期間，改用墨
批。同治皇帝、光緒皇帝都以沖齡即位，由軍機大臣奉旨以墨筆代
批，其守喪期間，改用藍批。因御批奏摺，以硃批者爲多，遂統稱
硃批奏摺。依照奏摺書寫文字的不同，可以分爲漢字摺、滿文摺及
滿漢合璧摺。

　　文書改革是政治改革的重要課題之一，傳統本章制度，缺乏彈
性，行政效率不高，積弊叢生。清聖祖熟諳《明史》，曾面諭大學
士勒德洪等云：「明朝典故，朕所悉知，如奏疏多用排偶蕪詞，甚
或一、二千言。每日積至滿案，人主詎能盡覽，勢必委之中官，中
官復委於門客及名下人。此輩何知文義，訛舛必多，遂奸弊叢生，
事權旁落，此皆文字冗穢以至此極也。」❻清世宗曾頒諭說明採行
奏摺制度的原因，要點如下：

　　　虞書曰明四目，達四聰，先儒註曰，廣四方之視聽，以決天
　　下之壅蔽也。蓋天下之患，莫大於耳目錮蔽，民情物理不能
　　上聞，則雖有勵精圖治之心，而措置未必合宜，究難成一道
　　同風之盛，是以督撫大臣本章之外，有具摺之例。蓋國家之
　　事，有不便宣露於本章者，亦有本章所不能備悉者，亦有應
　　用密摺請旨者，是奏摺之用，乃愼密周詳之意。朕又以督撫
　　一人之耳目有限，各省之事，豈無督撫所不及知，或督撫所

---

❻　《康熙起居注》（北京：中華書局，1984年8月），第二冊，頁1156。康熙二
　　十三年三月二十一日，上諭。

不肯言者，於是又有准提鎮藩臬具摺奏事之旨，即道員武弁等
亦間有之，此無非公聽並觀之意，欲周知外間之情形耳。❼

　　皇帝亟欲周知外間情形，以臣工爲其耳目，准許他們以密摺奏事，
凡國計民生興利除弊諸事，臣工若有所見，必須據實直陳，不得欺
隱迎合。清世宗每謂君臣原係一體，中外本是一家，彼此必須互相
推誠，如此則「何愁天下不太平，蒼生不蒙福？」他屢斥臣工「朕
只喜凡事據實，一切不要以慰朕懷爲辭，阿諛粉飾迎奉。」又云：
「汝等地方大臣凡事皆以實入奏，朕便酌量料理，若匿不奏聞，朕
何由而知，從何辦理也？」清世宗擴大採行奏摺制度，充分發揮奏
摺制度的功能，使君主耳目遍及於京外直省各處，形成嚴密的通訊
網，對於地方利弊，施政得失，多能洞悉，其所頒諭旨，訓示方略，頗
能措置咸宜，對於整飭吏治，甚有裨益。

　　國立故宮博物院現存清代歷朝《宮中檔》奏摺，除部分廷臣的
摺件外，主要是來自直省外任文武職大員，所以含有非常豐富的地
方史料，舉凡錢糧、雨雪、收成、糧價、漕運、錢法、田賦、戶口、河
渠、吏治、刑案、緝盜、營伍、平亂、教務、會黨、海防、邊務、
貿易、薦舉、考核、到任、卸任、墾荒、民情風俗及對外關係等都
在摺奏之列，督撫提鎮等具摺時，彼此不能相商，各報各的，其內
容較例行本章翔實可信，對於地方史或區域史的研究，《宮中檔》
確實提供了珍貴的資料。

　　研究清史，各種官書，都是重要參考資料，但一方面由於體例

---

❼　《起居注冊》（台北：國立故宮博物院），雍正八年七月初七日甲戌，內閣奉
　　上諭。

的限制，一方面由於隱諱潤飾的習慣，原始史料多經竄改，或經增改刪略。例如康熙朝《宮中檔》內含有撫遠大將軍費揚古奏報準噶爾汗噶爾丹於康熙三十六年（1697）三月十三日晨在阿察阿穆塔台地方得病，至晚即死，不知何病？❽現存《宮中檔》內含有頗多當事人的供詞單，例如厄魯特丹濟拉使者齊奇爾寨桑供詞，以滿文書寫，供詞中也有「噶爾丹於三月十三日病死，即於是夜焚其屍」等語。❾《清聖祖仁皇帝實錄》將噶爾丹的死因改書「飲藥自盡」，同時為配合清聖祖御駕親征的行程，又將噶爾丹死亡日期改繫於閏三月十三日，與原奏不符，不足採信。

　　康熙五十三年（1714），福建漳州府長泰縣人朱一貴到台灣後，先充當台灣道衙門夜不收，即澈夜瞭望的哨探。其後告退，在大目丁地方種地度日。康熙五十九年（1720），台灣府知府王珍攝理鳳山縣知縣事務，令其次子前往縣境收糧，每石折銀七錢二分，百姓含怨。又因海水泛漲，百姓合夥謝神唱戲，王珍次子以衆百姓無故拜把，拏獲四十餘人監禁，將給錢的百姓釋放，不給錢的杖責四十板，勒派騷擾不已。康熙六十年（1721），李勇與朱一貴等商議，以朱一貴既姓朱，聲稱為明朝後裔，號召黨夥起事。自是年二月起接連有地方人士出首，道員梁文煊稟告總兵官歐陽凱，竟將出首之人杖責枷號。國立故宮博物院典藏閩浙總督覺羅滿保滿文奏摺，奏報朱一貴起事經過甚詳，原摺計十九幅，譯出漢文後，計約一千五百餘字。

❽　莊吉發(譯注)，《清代準噶爾史料·初編》（台北：文史哲出版社，民66年9月），頁215。

❾　《宮中檔》（台北：國立故宮博物院），滿文奏摺，第730號，齊奇爾寨桑供詞。

康熙六十年（1721）四月二十日，朱一貴在南路鳳山縣樹旗起事，官兵失利。五月初一日，總兵官歐陽凱等陣亡。五月初六日，覺羅滿保接獲廈門官吏稟報，五月初八日，繕寫滿文奏摺具奏。《清聖祖仁皇帝實錄》將滿文奏摺摘譯潤飾後，僅記載一百三十餘字，並將朱一貴起事日期誤繫於五月初六日。❿這是廈門官吏稟報日期，並非歷史事件日期。

　　清世宗擴大採行奏摺制度後，不僅藉奏摺協議政事，同時亦將奏摺當成教誨臣工實施政治教育的工具。從現存御批奏摺的內容，可以瞭解清世宗的治術，也能夠反映滿漢畛域的嚴重性。例如查嗣庭日記曾記載清世宗曾拒絕接受漢人進獻物品，案發後，清世宗即發給雲貴總督鄂爾泰硃諭一道，其內容如下：

> 朕即位來，如此推心置腹待漢人，而不料竟有王日期、查嗣庭之輩，頑不可化者。今伊等悖逆不道之事，自然天下共聞者。近因查嗣庭進上物件，記載一事，有旨凡漢人進獻，朕皆不納，楊名時所進之物，朕亦引此旨不受發還。諸如各省督撫之進獻，朕本不喜此事，但朕凡百概遵守聖祖成規而行，若止行此事，非今日之不是，即當日之非也，所以于朕甚不便，今既有此一機，故發露之。但楊名時有名人物，諸漢人之領袖，可勸他求上一疏或一摺，怪查嗣庭之無人臣禮，引古君臣貢獻之儀，芹敬之道，若如此拒絕，未免隔君臣之情，虧外臣之典之文奏一奏，則從來此事皆是矣。楊名時迂拙，比委曲令

---

❿　《清聖祖仁皇帝實錄》，卷293，頁1，康熙六十年六月癸巳，據覺羅滿保奏。

爲此舉方好，密之，密之，萬不令楊名時知朕之諭也，欽此。**⓫**

楊名時，字賓實，江南江陰人，康熙三十年（1691），進士，改庶吉
士。五十九年（1720），擢雲南巡撫。雍正三年（1725），改授雲貴
總督。後因題本內誤將密諭敘入，清世宗嚴加斥責，命解總督任。
⓬鄂爾泰奉到硃諭後，即致函楊名時，略謂五玉三帛，載在虞書，
時享歲貢，紀之周禮，凡以通上下之情，洽君臣之誼，二帝三王，
未之有易，即漢唐以來，職貢有圖，方物有錄，而戔戔微末，用表
寸忱，曝背獻芹，野老且然，況大臣乎？查嗣庭私載日記，悖逆不
道，致干聖怒。楊名時老先生清正典型，爲皇上所眷注，務當敬抒
誠悃，援引大義，立具奏本，貢獻物品，以洽君臣之誼。當楊名時
接獲鄂爾泰信札後，即具本進獻方物。因楊名時爲著名漢大臣，籠
絡楊名時進獻，並非出自其本意，乃是清世宗授意於鄂爾泰，開導
楊名時藉進獻以塞查嗣庭之口。查嗣庭日記中所稱凡漢人進獻，清
世宗一概不受等語，既被指爲無的放矢，遂以謗訕誣妄下獄。雍正
五年（1727）五月，查嗣庭卒於獄，仍戮其屍。

　　康熙六十一年長期統治的結果，使社會經濟漸趨繁榮。但由於
財政制度的內在缺點，及政治風氣因循廢弛的外在通病，以致賦役
方面弊端叢生。清世宗在位十三年的政績，卻頗有表現，其主要成
就，除整飭吏治外，主要在財政方面。雍正年間，改革賦役的結果，使
清廷的財政狀況得以好轉，稅收有了穩定的增長，終於奠定了清初

⓫　《宮中檔》（台北：國立故宮博物院），第79箱，316包，6209號，雍正四年
　　十二月二十一日，鄂爾泰奏摺。

⓬　《清史稿》，列傳七七：楊名時列傳，頁2。

鼎盛時期的財政基礎，《宮中檔》御批奏摺對研究財稅改革提供既豐富又珍貴的直接史料。例如雍正初年以來直省實施耗羨歸公的過程，君臣都以奏摺協商請旨。耗羨歸公以後，各省虧空逐年清理完補；外任官員的養廉銀兩，俱由耗羨內動支；遇有公事，亦可取給於耗羨，既免攤派，於地方公事，亦不致貽誤，對整飭地方吏治及財政都有裨益。但所謂耗羨歸公，是將錢糧火耗及雜賦羨餘提解司庫，以備臨時需用，不同於正項，更不可撥解中央。陳時夏在江蘇巡撫任內曾奏請將存貯司庫的耗羨，除動支各官養廉等銀外，其他剩餘耗羨俱聽候撥解。其原摺奉清世宗硃批云：「豈有聽候撥解之理，只可完本省公事則可，將此若歸正項，不但可笑，眞妄爲胡說也。」❸「完本省公事」雖然是以公完公，但係指地方公用，在朝廷立場而言，仍屬私事。塞楞額在山東巡撫任內曾以流抵虧空彌補將完，而剩餘耗羨爲數尚多，即動支銀十四萬七千餘兩以挑濬徒駭、馬頰二河。其原摺奉硃批云：「此項萬萬用不得耗羨。」挑河工費，理應由中央動支正項，耗羨既非正項，不得用來挑濬運河。清世宗在塞楞額原摺尾幅以硃筆批諭云：

> 以公完辦，非此等事也。各項虧空補足時，少留有著之項，將來必有歸於無著者，或補此尚可。如地方修理道路橋樑，或添補州縣買補存倉穀石，疏通溝洫之用。如再有餘，此項原係地方官所得中物，當養廉內酌量增加，令州縣從容些，

❸　《宮中檔雍正朝奏摺》，第9輯（台北：國立故宮博物院，民67年7月），頁230，雍正五年十一月初六日，陳時夏奏摺。

極好之事。如果此等之需，盡皆豐足有餘，則舉減耗之事，
方萬全之事也。總言耗羨一項，公用萬萬使不得，地方之公
用，乃私用之公用，非國家之公用也。詳悉朕意，一概如此
料理就是了，再無有令各省餘出耗羨數百萬爲國帑之理，是
何體也？若如此則提耗銀一極好之善事，成大笑談矣！⓮

　清世宗正式准許實施耗羨歸公，提解耗羨合法化以後，上既不累官，下
亦不擾民，堪稱兩便。中央與地方財政的劃分，是因國家政治體制
的差異而有所不同。均權制的國家，多採分成稅法，全國稅收，由
中央與地方按一定成數分配。至於中央集權的國家，則多實行附加
稅法，國家賦稅最高主權，屬於中央，地方政府可在中央賦稅上徵
收附加稅，以充地方經費。清初的賦役制度是沿襲明代的一條鞭法，中
央與地方財政收入劃分，是屬於一種附加稅法與分成稅法兼行的混
合制。但因明清實行中央集權，全國賦稅盡歸中央，由戶部支配，
地方存留額數過少，地方財政基礎十分薄弱，耗羨就是正賦以外所
徵收的附加稅，不必解交中央。因此，探討清代賦役問題，《宮中
檔》御批奏摺提供了許多珍貴的直接史料。

　社會學家所想要瞭解的問題，主要包括人類結合的性質和目的，各
種結合的發生、發展及變遷的狀況，其目的就是想解釋有關人類結
合的種種事實。⓯人群的結合，有各種不同的方式，其中以血緣結

⓮　《宮中檔雍正朝奏摺》，第8輯（台北：國立故宮博物院，民67年6月），頁
　　767，雍正五年八月二十六日，塞楞額奏摺。

⓯　柯尼格（Samue Koenig）著，朱岑樓(譯)，《社會——社會之科學導論》
　　（Sociology, An Introduction to the Science of Society）（台北：協志
　　工業叢書出版公司，民75年3月），頁1。

合的人群，稱為宗族。明清時期，閩粵地區是宗族制度較發達的宗族社會，強調血緣關係，聚族而居，血緣與地緣合而為一。由於各宗族在經濟發展過程中的不平衡，人口多寡的差異，逐漸出現了強宗大族武斷鄉曲，以強凌弱，以眾暴寡的局面，於是激起弱勢小姓的強烈反抗，更加助長宗族械鬥及異姓結拜風氣的盛行。崇禎年間，以「萬」為姓的團體，就是福建漳州平和縣小姓聯合抵制大姓鄉曲肆虐的異姓結拜組織。清初以來，由於人口壓力的急劇增加，閩粵地區的異姓結拜活動，更加頻繁，《宮中檔》御批奏摺對這方面的研究提供了極為豐富的資料。福建總督高其倬訪查泉州、漳州二府異姓結拜及宗族械鬥的習俗後具摺奏稱：「福建泉、漳二府民間，大姓欺凌小族，小族亦結連相抗，持械聚眾，彼此相殺，最為惡俗，臣時時飭禁嚴查。今查得同安縣大姓包家，與小姓齊家，彼此聚眾列械傷殺，署縣事知縣程運青往勸，被嚇潛回，隱匿不報。」❶泉州府同安縣李、陳、蘇等大姓合為包家，以「包」為姓，各小姓及雜姓合為齊家，以「齊」為姓，包姓與齊姓彼此聚眾械鬥。福建觀風整俗使劉師恕亦具摺奏稱：「其初大姓欺壓小姓，小姓又連合眾姓為一姓以抗之。從前以包為姓，以齊為姓，近日又有以同為姓，以海為姓，以萬為姓，現在嚴飭地方官查拏禁止。」❷由於宗族械鬥案件層出不窮，異姓結拜活動，遂日益頻繁。福建巡撫毛文銓具摺時亦稱：「閩省大姓最多，類皆千萬丁為族，聚集而居，欺凌左

---

❶　《宮中檔雍正朝奏摺》，第9輯，頁311，雍正五年十一月十七日，高其倬奏摺。

❷　《宮中檔雍正朝奏摺》，第14輯（民68年2月），頁441，雍正七年十月十六日，劉師恕奏摺。

右前後小姓，動輒鳴鑼列械，脅之以威。而爲小姓者受逼不堪，亦或糾約數姓，合而爲一。遇其相持之際，雖文武官員率領兵役前往押釋，亦所不能。」⓲《宮中檔》的內容，除奏摺外，還有其他文書，例如諭旨、清單、奏片、供詞、書札、圖樣等附件，對清史研究而言，都是不可或缺的珍貴資料。

三、軍機處的成立與文書檔案的保存

辦理軍機處，簡稱軍機處，其建置時間及沿革，清代官私記載，頗有出入，中外史家的論證，亦異說紛云，莫衷一是。據總理事務和碩果親王允禮、大學士管吏部戶部尙書張廷玉、內大臣署理戶部尙書兼內務府總管海望等人具摺指出，「雍正七年，派撥官兵前往西北兩路出征，一切軍務，事關機密，經戶部設立軍需房，揀選司官、筆帖式、書吏專辦，惟總理戶部事務怡賢親王同戶部堂官一二人管理。」⓳由此可知，軍機處開始設立的名稱爲軍需房，是由戶部分設的附屬機構，其正式設立的開始時間是在雍正七年（1729）。其後，名稱屢易，或稱軍需處，或稱辦理軍需處。雍正十年（1732），辦理軍機事務印信頒行後，因印信使用日久，遂稱辦理軍機事務處，習稱辦理軍機處。雍正十三年（1735）八月二十二日，清世宗崩殂，清高宗繼承大統，以總理事務王大臣輔政。同年十月二十九日，清高宗以西北兩路大軍已經撤回，故諭令裁撤辦理軍機處，總理事務處遂取

⓲　《宮中檔雍正朝奏摺》，第5輯（民67年3月），頁583，雍正四年二月初四日，毛文銓奏摺。

⓳　《宮中檔雍正朝奏摺》，第25輯（民68年11月），頁236，雍正十三年九月二十二日，允禮等奏摺。

代了辦理軍機處。由於西北準噶爾的威脅並未解除，軍務尚未完竣，軍
機事務仍需專人辦理。乾隆二年（1737）十一月，因莊親王允祿等奏
辭總理事務，清高宗即下令恢復辦理軍機處的建置，並換鑄銀印，
軍機大臣又以大學士及各部尚書、侍郎在辦理軍機處辦事或行走，
而逐漸吸收了內閣或部院的職權，職掌範圍日益擴大，辦理軍機處
遂由戶部的附屬機構演變成爲獨立的中央政治機構。其後不僅掌戎
略，舉凡軍國大計，莫不總攬，逐漸取代了內閣的職權，國家威命
所寄，不在內閣，而在辦理軍機處，終於成爲清廷政令所自出之處，
「蓋隱然執政之府矣。」❷

　　國立故宮博物院現藏軍機處檔案，主要分爲月摺包和檔冊二項。臣
工摺奏事件有不乏涉及政事者，在軍機處設立以前，臣工奏摺已因
其內容的不同，交部抄錄存案；軍機處設立以後，直省內外臣工的
奏摺奉硃批後，除謝恩、陛見、請安等奏摺選擇抄錄副本存查外，
其他奏摺不論發鈔或不發鈔，皆例應錄副存查。抄錄奏摺的工作，
是由軍機處兼管的方略館供事抄錄。其密行陳奏及用寄信傳諭的原
摺，或有硃批應愼密者，則由軍機章京自抄。各摺抄畢，各章京執
正副二本互相讀校，即於錄副摺面註明某人所奏某事，及日月、交
不交字樣，稱爲開面。值日章京將當天所接直省原摺，各歸原函繳
入內奏事處，稱爲交摺。❷錄副奏摺的封面及末幅除了填註奉硃批
日期外，間亦於末幅註明原摺具奏日期。因奏摺錄副時註明具奏人

<hr>

❷　《軍機大臣年表》（台北：國立故宮博物院），清史館纂修稿本原序。

❷　梁章鉅（纂輯），《樞垣記略》（台北：文海出版社），《近代中國史料叢刊》，
　　第13輯，卷 22，頁6。

姓名、具奏事由、附件、奉批日期等，就是檔案的簡明目錄，頗便
於查閱舊檔。至於各部院衙門大臣奏摺，雖未奉硃批，亦將原摺與
奏摺錄副按月分包儲存，叫作月摺包，簡稱摺包。月摺包內除奏摺
錄副外，還含有咨文、諭旨、奏底、副摺、批迴、火票、供詞、清
單、知會、揭帖、照會、略節、稟文、書信、國書稿、電稿等，名
目繁多，因以奏摺錄副爲數較夥，所以習稱月摺包爲軍機處奏摺錄
副。

國立故宮博物院現藏《軍機處檔・月摺包》的文書件數分佈，
主要始自乾隆十一年（1746），迄宣統二年（1910），合計十八萬九
千餘件，其中含有既豐富而且價值極高的直接史料，對清代政治、
社會、經濟、文化以及中外關係的研究，都提供了大量珍貴的資料。乾
隆年間平定準噶爾及回部後，由郎世寧、王致誠、安德義等西洋畫
家繪製得勝圖，共十六幅，送往法國巴黎鐫刻銅版，法蘭西皇家藝
術院院長侯爵馬利尼（Marigney）命柯升（C.N.Cochin）主持刊刻
工作。得勝圖銅版畫不僅是西洋藝術家的集體創作，同時也是中西
文化交流的產物。國立故宮博物院典藏《軍機處檔・月摺包》內含
有粵海關承辦得勝圖銅版畫的資料，包括奏摺錄副、咨文及西洋人
書信。得勝圖銅版畫風格細膩，無論鐫刻或印刷，都較艱難，鐫工
首領柯升於寄京書信中，曾作說明，其法文書信漢譯稿有一段敘述
如下：

> 此版工夫細緻，刷印最難，若竟帶至中國，倘其不諳作法，
> 不惟刷印模糊，且恐損傷銅版，反難仰答欽命，不得不將各
> 樣緣故，逐細陳明：其一，中國紙張易於起毛，以之刷印圖

像，難得光潔，且一經潤濕，每每黏貼板上，起時不免破碎，即
或取用洋紙，浸潤尤須得法，太濕則淫溢模糊，太乾則摹印
不真；至於調色之油，最難熬製，倘不如法，萬難浸入，銅
版細紋，必致模糊。所用顏色，並非黑墨，惟取一種葡萄酒
渣，如法鍊成，方可使用，若用別項黑色，不惟摹印不真，
且易壞板；再者，板上敷摸油色，既用柔軟細布擦過，全在
以手掌細細採擦，務相其輕重均勻，陰陽配合，方稱如式，
此等技藝，不惟生手難以猝辦，即在洋數百匠人演習多年內
中亦不過四、五人有此伎倆。況此板鐫刻精細，若遇巧匠，
每板或可刷印千餘張，其板尚能修理，一經生手，摹印既難
完好，且易於壞板。倘將細紋磨平，或將通板擦傷痕跡，其
板反成廢棄。種種緣故，非敢故爲鋪張。㉒

從柯升寄京書信內容，有助於瞭解銅版畫製作過程及其精巧程度。
由於得勝圖銅版畫表現歷史事件的成功，銅版畫開始受到中國畫家
的重視，對盛清宮廷繪畫產生了深遠的影響。

　　《宮中檔》奏摺內附呈的清單、供詞、地圖等資料，軍機處多
未抄錄副本而直接歸入了月摺包內。例如乾隆朝月摺包內含有御醫
何徵圖的奏摺原件及藥方清單。乾隆十四年（1749）八月二十日，太
醫院御醫何徵圖奉旨探視建威將軍補熙病情。同年九月初六日，何
徵圖抵達綏遠城診視補熙疾病，據稱補熙六脈弦遲無力，類似中風
的症狀，以致左半身不遂，口眼歪邪，言談蹇澀，步履艱難。何徵

㉒　《軍機處檔·月摺包》（台北：國立故宮博物院），第2771箱，80包，13155
　　號，柯升寄京書信。

圖即施以針灸，刺炙肩髃、曲池、列缺、風市、足三里、三陰交等穴，並內服桂子湯等。不久，補熙口眼已正，言語清楚，左半身手足亦能活動。《軍機處檔‧月摺包》內含有多種藥方，其中桂枝附子湯藥方及益氣養榮丸方如下：

> 桂枝附子湯：川桂枝四錢，白芍藥三錢，甘草一錢，製川附
> 子五錢，當歸三錢，續斷二錢，木瓜二錢，牛膝三錢，杜仲
> 二錢，不加引。益氣養榮丸方：人參一兩，黃耆一兩，白朮
> 二兩，茯神一兩五錢，熟地二兩，當歸一兩，川芎五錢，白
> 芍藥一兩‘，肉桂一兩，附子二兩，鹿茸一對，虎脛骨一對，
> 牛膝一兩五錢，甘草五錢，爲末蜜丸服。㉓

宮中秘方是探討清代醫學發展史不可或缺的重要資料。此外，月摺包內也含有各種清單，其中鄉試題目清單，爲數頗多。清初科場定例，三年大比，試諸生於直省，稱爲鄉試，中式者爲舉人，逢子午卯酉年爲正科，秋八月舉行文闈鄉試，十月舉行武闈鄉試。凡遇皇太后、皇帝登極、大婚、萬壽等慶典時另頒恩詔，加考一科，稱爲恩科。其頭場考四書；第二場考易經、書經、詩經、春秋經、禮記及詩題；第三場考策論，包括經學、文體、文字、守令、錢法等。朝廷以策試士，原欲考其經濟，故問以時務，援古證今，不厭其詳。惟自乾隆中葉以降，喜作長篇，蔚爲風氣，策題冗長，其中談心言性及論理學起源者頗多，例如乾隆四十八年（1783）癸卯科浙江省鄉試第三場策題五道，其中第一道策題如下：

㉓ 《軍機處檔‧月摺包》，第2740箱，34包，4991號，乾隆十四年九月，何徵圖奏摺。

問唐虞以來，言心不言性，其所謂中即性歟？湯誥厥有恒性，是
爲言性之始。伊尹言習與性成，召公言節性惟日，其邁義可
互證歟？中庸言性，大學言心與意，孟子言性與情與才，可
剖析歟？曰率性，曰盡性，曰知性，曰養性，與性近習遠之
旨相表裏歟？荀況、揚雄、董仲舒、韓愈、李翶之言孰優？
其與子輿氏孰盡反孰稍合歟？徐幹中論王通中說果可比之論
語歟？濂溪太極圖說本於易象，與華山石刻陳摶無極圖同歟？異
歟？二程受業於濂溪，其氣象各有得力處，然於師門主靜之
說淵源究相合否？張子西銘，朱子爲之作論，而龜山楊氏先
曾疑之，何歟？朱子學於李延平，晚年指歸果盡得之延平歟？元
明以後講學者，皆有依據，其純駁可切指歟？我皇上德懋日
新，聖由天縱，淵源精一，統合君師矣。多士涵泳聖涯，由
下學以窺上達，有心契乎？性道間者願稽聽之。㉔

從鄉試題目清單，可以知道科舉考試的範圍及重點，探討清代學術
思想，試題清單也是不可或缺的珍貴資料。

　　軍機處爲便於查考舊案，例須將經辦文移抄錄繕寫，分類裝訂
成冊，包括漢字檔冊及滿字檔冊。國立故宮博物院現藏軍機處檔冊，依
其性質，大致可以分爲目錄、諭旨、專案、奏事、記事、電報等類，主
要爲軍機處分類彙抄軍國大政的檔冊。例如《隨手登記檔》、《發
繕摺件檔》、《交發檔》等是屬於目錄類的檔冊。其中《隨手登記

㉔ 《軍機處檔·月摺包》，第2776箱，143包，34013號，乾隆癸卯科浙江鄉試題
目清單。

檔》簡稱《隨手檔》或《隨手簿》，類似後世的公文收發登記簿。
軍機處值日章京例應將每日所接奏摺、奏片、清單、所奉諭旨，逐
日登錄，硃批全載，諭旨、摺片等僅摘錄事由。除諭摺外，尚有題
本、國書、敕諭、咨文、書信、試題、供狀、移會等類文書。硃批
奏摺及片單登錄後，始錄副存查。各類文書必須當日登錄繕竣，其
所以稱爲隨手者，即表示不可積壓之意。

　　國立故宮博物院現藏軍機處各類檔冊之中，以諭旨類的檔冊，
數量較多。依檔冊的形式而言，可以分爲方本上諭檔和長本上諭檔；依
諭旨的性質而言，可以分爲明發上諭檔、寄信上諭檔、譯漢上諭檔
及兼載各類諭旨的上諭檔。有清一代的諭旨，名目繁多。其中由皇
帝特降的諭旨，稱爲上諭；凡宣示中外的諭旨，稱爲明發上諭，由
內閣名義頒發，多冠以「內閣奉上諭」字樣；凡因臣工所奏請而頒
降的諭旨，稱爲奉旨；其諭令軍機大臣交兵部驛遞的諭旨，稱爲寄
信上諭，不由內閣傳鈔，又稱字寄，因發自軍機處內廷，又習稱廷
寄。其中方本上諭檔就是兼載各類諭旨的檔冊，所抄錄的文書，種
類較多，除明發上諭、寄信上諭、奉旨事件外，也抄錄軍機大臣的
奏稿、奏片及由軍機處審訊的供詞。此外，還有咨文、知會、清單
等類文書，都具有高度的史料價值。例如林爽文起事以後，諸羅縣
城被圍困數月之久，清廷議改縣名，以獎勵義民守城之功。《清史
稿·福康安列傳》敘述清廷更改縣名之由來云：「時諸羅被圍
久，福建水師提督柴大紀堅守，上褒大紀，改諸羅爲嘉義，以旌其
功。」㉕文中以諸羅改名嘉義爲褒獎柴大紀堅守縣城之功，實非清

㉕　《清史稿》，列傳一一七：福康安列傳，頁2。

高宗的本意。據清實錄的記載，清高宗頒諭時指出：「林爽文糾眾倡亂以來，提督柴大紀統兵勦捕，收復諸羅後，賊屢經攻擾，城內義民幫同官兵，奮力守禦，保護無虞。該處民人，急公嚮義，眾志成城，應錫嘉名，以旌斯邑。」㉖清軍平定林爽文，義民實有不世之功，清高宗爲褒獎義民，於是詔改諸羅縣名。方本上諭檔記載，乾隆五十二年（1787）十一月初二日，軍機大臣遵旨更定諸羅縣名，擬寫嘉忠、懷義、靖海、安順四名，進呈御覽，並奏請硃筆點出一名，以便寫入諭旨。清高宗就「嘉忠」與「懷義」二名中，各取一字，而定名爲「嘉義」，取嘉獎義民之意。㉗次日，正式頒諭，將諸羅縣改爲嘉義縣。由此可知，從軍機處上諭檔的記錄，有助於瞭解更改縣名的過程。

軍機處的專案檔，是以事爲綱，逐日抄繕，並裝訂成冊，每一種檔冊，僅關一類之事，並不雜載。國立故宮博物院現藏清代專案檔，大致可以分爲三類：一類是清軍用兵鄰封整理邊界的檔冊，如緬檔、安南檔、廓爾喀檔等；一類是清軍平定邊境少數民族之亂的檔冊，如金川檔、苗檔、勦滅逆番檔、勦捕逆回檔等；一類是勦辦民間秘密宗教及髮捻等內地民變的檔冊，如東案檔、東案口供檔、林案供詞檔、勦捕檔等。各類專案檔都抄錄了許多當事人的供詞，例如勦滅逆番檔就是抄錄清軍平定蘭州回亂期間往返文書的檔冊，乾隆四十六年（1781）四月初一日，檔冊中抄錄肅州鎮標都司馬雲稟詞，其中有一段敘述說：「我係回教，祖居在河州，後移往西寧，

㉖　《清高宗純皇帝實錄》，卷1292，頁9，乾隆五十二年十一月丙寅，上諭。

㉗　《上諭檔》，方本，乾隆五十二年十一月初二日，更定諸羅縣擬寫縣名清單。

我就是在西寧生的。西寧在薩拉爾西北，相離不過百八十里路，所有那裡的情形，我都知道。那裡住的回番，共有二萬餘戶，這種回番叫做狗西番。那裡有土司千戶一名，百戶一名，他們實是番子，因他也不吃豬肉，所以又叫番回。但與我們回教不同，他說話我們也不懂，就與番子一樣。至於爭教之事，都司在蘭州時聽見他們要到府裡告狀。這種回番本只有舊教一教，又有西安州所屬官川堡的回子哈志不遵我們這一教，自己又作了經卷，到薩拉爾回番地方另立了一個新教，攪亂人心，回番教中人隨他甚多，所以舊教的回番與新教的人爭鬥。」❷探討回亂等問題，專案檔的史料價值不可忽視。

議覆檔是軍機處奏事類的主要檔冊，軍機大臣遵旨將臣工奏摺條陳事件，逐款議覆，其議奏範圍，極為廣泛。例如乾隆五年（1740）分議覆檔內抄錄怡親王條陳管見七條一摺，奉旨軍機大臣等議奏，其中〈蒙古陋習宜嚴行禁止〉一條要點如下：

> 查蒙古娶妻之禮，馬五匹、牛五頭、羊五十隻，所費甚多，故貧難無力再娶之人，亦間有與已故服屬之妻配偶者，陋習相沿，未經議禁。今怡親王奏請禁止，違者照刑部內亂律治罪等語。查五方之風土不同，四夷之情形各異，本朝撫馭外藩，立法務從簡便，似此陋習，在蒙古中知禮守法者，固恥而不為，其為此者，必係貧難無力至愚蠢之人，且配偶多年生育子女者，一旦嚴禁，遽以內地法律繩之，重則斬絞，輕亦流徒，蒙古人等不無驚擾駭懼，且啓刁徒告詰之端，似非

---

❷ 《勦滅逆番檔》（台北：國立故宮博物院），上冊，頁33，乾隆四十六年四月初一日，馬雲稟詞。

綏靖遐荒之要務也。且舊俗相沿已久，則治之亦必以漸，惟在管旗扎薩克等平時訓導有方，使其習知綱常倫紀之親，內外尊卑之辨，將陋習不禁而自止，毋庸嚴設科條，責效於旦夕。至蒙古聘禮，應酌議減省，以便遵行。嗣後蒙古婚姻聘妻之禮，准給馬二匹、牛二頭、羊二十隻，再有力不能者，聽從減省，總不得有逾此數，違者照追入官，如此則蒙古人等聘禮既減，娶妻亦易，從前陋習，自漸能改易矣。❷⁹

引文中「與已故服屬之妻配偶」，是一種轉房習俗，滿州、蒙古、納西等族都存在過這種習俗，是母權制群婚現象的遺痕，聘禮較重只是因素之一。在實行轉房制度的社會裡，婦女當丈夫死後，如果年歲不大，就必須轉嫁給丈夫的兄弟或近親。寡婦不能任意外嫁，這是女方的一種義務，男方的一種權利，他們認為男方娶妻時，已經付出了一筆的財富，肥水不外流。轉房的原則是由平輩的兄弟再及於近親，普遍流行的是夫兄弟婚，哥哥可娶亡弟之妻，弟弟可納寡婦。同輩以外然後及於叔姪輩，叔伯娶姪媳，姪兒納叔伯之妻，兒子納亡父小妻。蒙古娶妻陋習，保留了轉房習俗的殘餘，議覆檔的記載，就是探討轉房制度的珍貴資料。

軍機處的記事檔冊，主要為密記檔、早事檔、交片檔、留京辦事檔、留京日記檔、引見檔、五台圍檔、謁陵諭旨檔、大員子弟檔、永遠存記檔、來文檔、尋常檔等，名目繁多。清代末葉，含有電報類的檔冊，包括電寄檔、收電檔、發電檔及各省電稿等，都是重要的檔冊。

---

❷⁹　《議覆檔》（台北：國立故宮博物院），乾隆五年分，頁221。

四、內閣部院的設置及其現存史料的價值

　　清太宗皇太極在位期間，積極倣效明朝政治制度。天聰三年（1629）四月，設立文館，命儒臣繙譯漢字書籍，並記注滿洲政事。天聰五年（1631）七月，設吏、戶、禮、兵、刑、工六部。天聰十年（1636）三月，改文館為內國史、內秘書、內弘文三院，各置大學士、承政、理事官等員。順治十五年（1658）七月，內三院更名內閣，大學士加殿閣大學士、別置翰林院，軍國機要，綜歸內閣。自從雍正年間設立軍機處後，內閣權力已漸為軍機處所奪。徐中舒撰〈內閣檔案之由來及其整理〉一文已指出「清代內閣在雍乾以前為國家庶政所自出之地，在雍乾以後猶為制誥典冊之府，所存檔案，都是當時構成史蹟者自身的敘述。雖不免帶些官家的誇張，究竟還是第一等的史料。」❸國立故宮博物院現藏內閣部院檔案，大致可以分為五大類：第一類，是內閣承宣的文書；第二類，是帝王言動國家庶政的當時記載；第三類，是官修書籍及其文件；第四類，是內閣日行公事的檔冊；第五類，是盛京移至北京的舊檔等，品類繁多，多為珍貴的檔案資料。

　　滿洲入關後，盛京舊檔亦移至北京，其中老滿文原檔，就是滿洲入關前用初創滿文所記錄的重要檔冊。滿文是由蒙古文字脫胎而來。成吉思汗征乃蠻時，俘獲掌印官塔塔統阿。成吉思汗見他為人忠誠，就派他繼續掌印。塔塔統阿是畏兀兒人，於是命他教諸王子以畏兀兒文字書寫蒙古語。這種文字由上而下，從左到右，直行書

❸　徐中舒(撰)，〈內閣檔案之由來及其整理〉，《明清史料（一）》（台北：維新書局，民61年3月），頁1。

寫。後世稱這種畏兀兒體的蒙古文爲舊蒙文，其字母較容易書寫，
而且使用簡便，所以流傳較久。明神宗萬曆二十七年（1599）二月，
清太祖努爾哈齊命巴克什額爾德尼等倣照畏兀兒體舊蒙文創製了滿
文，也是一種拼音文字，由上而下，由左而右直行書寫。這種初期
滿文，叫做老滿文，又稱爲無圈點的滿文。天聰六年（1632），清太
宗命巴克什達海將老滿文在字旁加上圈點，使音義分明，同時增添
一些新字母，使滿文的語音、形體更臻完善，區別了原來容易混淆
的語音。達海奉命改進的滿文，就是加圈點的滿文，習稱新滿文。
共有十二字頭，第一字頭共計一百三十一字，是第二至第十二字頭
的韻母。從此以後，滿族已有準確表達自己語言的新文字，滿文的
創制，更加促進了滿洲文化的發展。清太祖創製滿文的主要目的是
爲文移往來及記注政事的需要，老滿文原檔就是滿洲入關前以無圈
點老滿文及加圈點新滿文記錄的檔冊，順治初年，由盛京移至北京
後，由內閣掌管，內閣檔案中有老檔出納簿，備載閣僚借出卷冊時
日，及繳還後塗銷的圖記。乾隆六年（1741），清高宗鑑於內閣大庫
所藏無圈點老檔，年久破舊，書寫字形，與後來通行的新滿文不同，於
是諭令鄂爾泰、徐元夢等人按照新滿文，編纂無圈點字書。後來又
將老檔卷頁，逐頁裱托，同時重抄貯藏，有多種抄本。從乾隆年間
以降，其原檔及重抄本，始終藏於秘府，直到二十世紀初期，才再
度被人重視。清德宗光緒三十一年（1905），日本學者內藤虎次郎訪
問瀋陽，看到崇謨閣貯藏的滿文老檔，就是所謂盛京藏本。民國二
十年（1931）三月，北平故宮博物院文獻館整理內閣東庫檔案時，發
現滿文老檔的原檔，共三十七冊，記錄名稱爲老滿文檔。民國二十
四年（1935），文獻館整理內閣大庫殘檔時，又發現老滿文檔三冊，

均未加裝裱。文獻館前後所發現的四十冊滿文原檔，清太祖與清太宗兩朝各佔二十冊，按千字文順序編號，其記事年代是起自明神宗萬曆三十五年（1607），迄清太宗崇德元年（1636），國立故宮博物院所珍藏者即此四十冊原檔。民國二十五年（1936）年三月，文獻館又在內閣大庫裡發現崇德三年（1638）全年分的原檔一冊，因發現較晚，未能隨其他文物同時南遷。

滿文老檔的原檔是使用蒙文、無圈點老滿文及加圈點新滿文所書寫的檔冊。因此，滿文老檔原檔對滿文由舊變新的過程，提供了珍貴的語文資料，也是探討滿洲文化發展的重要史料。它更可以發明補足清初的史事，可以解釋若干滿洲名詞，可以給重抄的滿文老檔證誤，可以幫助看出重抄本滿文老檔殘缺的眞相，可以反映部份明末遼東地方的實況。❸滿文老檔的原檔及其重抄本，的確是探討清初史實不可或缺的祕籍，舉凡滿洲先世、八旗制度、行政組織、律例規章、戰爭勝負、對外交涉、部族紛爭、社會習俗及經濟生活等方面，記載翔實。例如關於三仙女的開國神話，過去認爲是清初纂修實錄時所杜撰的，但在原檔中天聰九年（1635）五月初六日的記載，卻頗爲詳盡。據黑龍江虎爾哈部降將穆克什克稟稱：「我父祖世代於布庫里山下布爾瑚里湖度日，我處無書籍檔冊，古代生活，輾轉傳說，此布爾瑚里湖有三位天女恩古倫、正古倫、佛庫倫來沐浴，神鵲啣來朱果，季女佛庫倫獲得後，含於口，入喉中，遂有身孕，生布庫里雍順，此族即滿洲國。此布爾瑚里湖周圍百里，離黑

---

❸　陳捷先(撰)，＜舊滿洲檔述略＞，《舊滿洲檔》（台北：國立故宮博物院，民58年），第1冊，頁12。

龍江一百二、三十里。我生二子後,由此布爾瑚里湖移往黑龍江納爾渾地方居住。」❷由此可知,黑水才是滿族的故鄉,清太宗將布庫山及布爾瑚里湖搬到長白山,以長白山爲聖跡,將長白山作爲滿洲先世的發祥地,反映女眞族由北向南遷徙的過程。

明代後期,蒙古的文化、經濟等方面的發展,較高於滿洲,清太祖爲了要加強對蒙古的聯盟,他本人及其諸子多娶蒙古公主爲后妃。崇德元年（1636）七月初十日,清太宗在盛京崇政殿舉行冊立后妃大典,五宮並建,都是清一色的蒙古婦女。在清太宗的一后四妃中,有三位出自蒙古科爾沁部,另二位出自察哈爾。崇德五宮后妃的冊封,就是滿蒙統治階層在政治、經濟、軍事上緊密合作的具體表現。國立故宮博物院現藏滿文老檔原檔,清楚地記載著崇德五宮后妃的芳名,前隆年間重抄滿文老檔時,在重抄本中加貼滿文籤條,刪略后妃芳名,改書父系氏族名稱。例如科爾沁貝勒莽古思之女,原檔所載芳名爲哲哲（jeje）,被封爲清寧宮中宮皇后,重抄本在哲哲芳名上籤注改書博爾濟吉特氏（borjigit）；科爾沁貝勒寨桑長女,原檔芳名爲海蘭珠（hairanju）,被封爲東宮宸妃,住在關雎宮,重抄本改書博爾濟吉特氏（borjigit）；海蘭珠的妹妹,原檔芳名爲布木布泰（bumbutai）,被封爲西宮永福宮莊妃,重抄本改書爲博爾濟吉特氏（borjigit）,從此五宮后妃的本名就壓在這一張一張小小籤條下達二百多年之久。❸中國電視公司徐斌揚所編《一代皇后大玉兒》劇本將莊妃布木布泰改名爲大玉兒,

---

❷ 《舊滿洲檔》,第9冊,頁4240,天聰九年五月初六日。

❸ 《舊滿洲檔》,第10冊,頁4949,崇德元年七月初十日；《滿文老檔》（北京:中華書局,1990年3月）,下冊,頁1529。

純屬杜撰，於史無徵。

　　起居注官記載皇帝言行的檔冊，稱爲起居注冊，包括漢文本與滿文本，康熙年間，每月各二冊，雍正朝以降，每月增爲各二冊，所載內容頗爲詳盡，範圍亦廣，可補實錄等官書的不足。學者討論清世宗的名諱時，認爲胤禛並非清世宗本來的名諱，胤禛是清世宗在篡奪大統時因竄改遺詔而爲自己假造出來的名字。但在康熙三十五年（1696）四月二十三日，漢文本起居注冊已明白寫作「皇四子胤禛」字樣，可見學者的臆測，不足採信。又如皇太子的漢文名字都作「胤礽」，但滿文本卻做"in ceng"，「礽」字不讀「仍」，而讀作「成」，滿漢文本的讀音及對譯，都可進行比較研究。康熙三十三年（1694）五月十三日，起居注冊記載大學士伊桑阿等以理藩院題黑龍江將軍薩布素請緝拏俄羅斯打貂皮人折本請旨，清聖祖說：

> 我國邊界甚遠，向因欲往觀其地，曾差都統大臣侍衛等官，皆不能遍到，地與東海最近，所差大臣於六月二十四日至彼，言仍有冰霜。其山無草，止生青苔，彼處有一種鹿最多，不食草，唯食青苔。彼處男女，睡則以木撐領等語。我國邊地，我國之人尚不能至，況邊界相接鄂羅斯國一二竊來打貂皮者，亦不能無因。此遼爲緝拿，彼則懼死，必致相鬥，若相鬥，我國之人，豈肯輕釋，可差司官一員到將軍薩布素處，令其明白寫書與鄂羅斯國，言彼國之人竊來我邊地打貂皮，我國差人緝拏，若緝拏之時，而與我相敵，我國斷不肯安靜。㉞

㉞　《起居注冊》（台北：國立故宮博物院），康熙三十三年五月十三日，上諭。

只食青苔的馴鹿，以木撐頷坐著睡覺的男女，都是靠近東海邊地生態環境的現象。起居注冊也記錄康熙年間宮中御茶膳房供應皇帝每天的日常肉食，包括：豬肉十九斤，雞三隻，羊肉二盤，鵝一隻，小豬一隻，每天輪用；供應皇太子的肉食，包括豬十八斤八兩，羊肉一盤，鵝一隻，雞二隻，笋雞一隻，鴨一隻；供應皇長子的豬肉十二斤，羊肉一盤，鵝一隻，雞二隻，笋雞一隻；其他阿哥們各用豬肉九斤，鵝半隻，雞一隻半，鴨半隻。每年從十月起至次年正月共四個月間，因有冬季獵戶進獻罷鹿，所以減去豬肉。倘若進獻野雞、魚類，則另減去小豬、雞、鵝、笋雞。

清聖祖評論歷代史事的意見，多載於起居注冊。康熙年間，纂修《明史》，清聖祖常常提到他對明代史事的看法。例如康熙三十六年（1697）正月二十二日辰時，清聖祖御暢春園內澹寧居聽政，面諭大學伊桑阿等人說道：「觀明史洪武永樂所行之事，遠邁前王，我朝現行事例因之而行者甚多，且明代無女后干政、以臣凌君等事。但其軼季壞於宦官耳！若此等處宜為增入，著問九卿，且元人譏宋，而明復譏元，朕並不似前人輒譏亡國也，惟從公論耳！」㉟清聖祖對明代施政得失的評論，確實較為客觀，明太監為害政治，令當時人痛心疾首。康熙四十二年（1703）四月二十三日辰時，清聖祖御暢春園內澹寧居聽政，諭云：「朕自沖齡即每事好問，彼時之太監，朕皆及見之，所以彼時之事，朕知之甚悉。太監魏忠賢惡跡，史書僅書其大略，並未詳載，其最惡者，凡有拂意之人，即日夜不令休息，逼之步走而死。又并人之二大指，以繩拴而懸之於上，兩足不

㉟　《起居注冊》，康熙三十六年正月二十二日，上諭。

令著地而施之以酷刑。明末之君多有不識字者，遇講書則垂幔聽之，諸事皆任太監辦理，所以生殺之權，盡歸此輩。」㊱萬曆以後，政事漸弛，宦寺朋黨，交相搆陷，使明朝艱難創造的基業，未三百年而成爲丘墟，探討《明史》，起居註冊所載清初君臣的談話，提供了珍貴的口述史料，正所謂他山之石，可以攻玉。

內閣承宣的文書，主要爲制、詔、敕、誥等諭旨類的文書，清實錄雖然也記載詔書，但內容多經潤飾。例如順治八年（1651）二月二十二日《多爾袞母子撤出廟享詔》，清實錄刪略多爾袞「親到皇宮院內」等句，啓人疑竇，聯想爲滿人隱諱孝莊皇太后下嫁多爾袞的佐證。實錄是重要的官修書籍，清實錄因歷朝重修，增刪潤飾，多隱諱失實。國立故宮博物院藏有清代歷朝實錄滿漢文初纂本及重修本，互相比較後，可知重修本雖有整齊體例之功，卻難掩諱飾之過。內閣爲典掌綸音重地，其日行記事檔冊，名目繁多，例如外紀簿是票籤處抄錄外任大員摺奏事件的檔冊；絲綸簿是票籤處記載本章聖旨的簿冊，此外還有各科史書、題奏檔、奏事檔、軍機檔等，都是例行公事重要檔冊。

五、史館檔案的內容及其史料價值

滿洲入關前所置內國史院，其主要職掌爲編纂史書，也是清代國史館的前身。康熙二十九年（1690）三月，清廷議准設立國史館，附屬於翰林院，館址在東華門內，成爲常設修史機構。國史館纂修史書，與歷代纂修正史的體例相同，主要分爲紀、志、表、傳四大

㊱　《起居注冊》，康熙四十二年四月二十三日，上諭。

類，所修稿本，按期進呈御覽，其纂修工作，自清初至清末，始終未曾間斷。民國三年（1914），設置清史館，以修清史，館址就在東華門內原國史館地點。

清代國史館因襲歷代正史體例，纂修歷朝本紀，所不同的是除了漢文本外，另增滿文本，滿漢文本封面，俱飾以黃綾，可取黃綾本本紀校正《清史稿·本紀》，譬如《清史稿·聖祖本紀》順治十八年（1661）正月初六日記載：「世祖崩，帝即位，年八歲，改元康熙，遺詔索尼、蘇克薩哈、遏必隆、鰲拜四大臣輔政。」據黃綾本《聖祖仁皇帝本紀》記載，正月初二日，世祖皇帝不豫。初六日，大漸，召原任學士麻勒吉、學士王熙，至養心殿，立玄燁爲皇太子，命索尼、蘇克薩哈、遏必隆、鰲拜輔政。初七日，世祖章皇帝崩。初九日，玄燁即位於太和殿，以明年爲康熙元年云云。由此可見黃綾本本紀，可信度較高，《清史稿·本紀》簡略疏漏，敘事不合史實，日期未加詳考。又如康熙六年（1667）十月己卯，《清史稿·聖祖本紀》記載：「盛京地震有聲。」黃綾本《聖祖仁皇帝本紀》滿文本則載："sohon gūlmahūn inenggi fung tiyan i ceng de hiyan de na aššaha, asuki bihe."意即「己卯日，奉天之承德縣，地震有聲。」可知地震的地點是在承德縣，而不在瀋陽。

傳統史書的纂修，以志書爲最難，讀史亦以志書爲最難。《明史》體例較佳，志書共七十五卷，包括天文、五行、曆、地理、禮、樂、儀衛、輿服、選舉、職官、食貨、河渠、兵、刑法、藝文等十五類。清代國史館沿《明史》舊例，惟以「曆」字爲清高宗弘曆御名諱，而改曆爲時憲志。清史館纂修志書，專倣《明史》，惟改五行志爲災異志，倂儀衛於輿服，另增交通、邦交二志，共十六類。清代國史

館、民初清史館所纂修的志書類目較多，《清史稿》選刊者較少，以食貨志爲例，現刊《清史稿》食貨志所立項目包括：戶口、田制、賦役、倉庫、漕運、鹽法、錢法、茶法、礦政、征榷、會計等十一類，國立故宮博物院現存清史館檔食貨志稿本所立項目包括：戶口、田制、屯墾、積貯、倉儲、倉庫、鹽法、茶馬、茶法、錢法、銀元、圜法、銅元、礦產、役法、賦役、漕運、征榷、關稅、海關、釐稅、祿秩、俸餉經費等二十三類。大致而言，清代國史館所纂修的皇朝食貨志，其史料價值較高。有清一代，以滿語爲國語，清史館曾修有國語志，國立故宮博物院現存國語志稿本共九十九冊，《清史稿》並未選刊。

《史記》由於事項不同而分別作了十個表，如網在綱，一目瞭然，可補本紀、列傳的不足。現刊《清史稿》的年表，包括：皇子世表、公主表、外戚表、諸臣封爵世表、大學士年表、軍機大臣年表、部院大臣年表、疆臣年表、藩部世表、交聘年表等十類。國立故宮博物院現存國史館及清史館的年表稿本，其名目較繁，例如建州表、總理各國通商事務大臣表、雲南府表等，多爲現刊《清史稿》所不見。

歷史記載，最主要的是在人物，列傳的意義，就是列事作傳，敘列人臣事蹟，以傳於後世。正史中的列傳，是將每一個歷史人物的事蹟，都歸在其本人的名字下面，加以有系統的敘述，年經月緯，層次井然，於是從許多個別歷史人物的記載，就可以顯露出某一個時代的社會概況或特徵。國立故宮博物院現藏清史列傳，包括清代國史館及民初清史館列傳各種稿本。自乾隆年間以降迄光緒末年，國史館纂輯列傳，始終不曾間斷，分爲漢字列傳與滿字列傳。現藏國史館的列傳，主要爲兩大類：一類爲乾隆年間以降陸續進呈的朱絲

欄寫本；一類爲傳包內所保存的各種稿本，其數量均極可觀。傳包的內容，除各種列傳稿本外，還含有國史館爲纂修列傳所咨取的各種傳記資料，例如事蹟冊、事實清冊、出身清冊、年譜、片文、履歷單、咨文、行述、行狀、祭文、訃聞等俱爲珍貴的直接史料。以張之洞傳包爲例，除傳稿外，另存有哀啓、訃聞等資料。在哀啓中述及張之洞「生平不喜藥，病亦不服，以是致病之故多途，而防患之法甚鮮。甲午秋，在兩江患痔匝月。庚子冬，復患痔匝月。癸卯，留京，手訂學堂章程，凡十餘萬言，痔病復大作。」終因痔病不治而身故。

清代國史館爲纂修長編及事蹟冊等而抄錄有月摺檔等資料，其中長編檔冊就是國史館爲纂輯列傳而摘抄各類檔案資料的檔冊，包括長編總檔與長編總冊二類，總冊爲總檔的目錄，亦即人名索引。以總檔爲經，人名爲緯，按日可稽，頗便於纂輯列傳。國立故宮博物院現藏清代長編總檔與長編總冊，始自乾隆朝，迄光緒朝，數量頗多。現刊《清史稿》列傳類目，包括后妃、諸王、大臣、循吏、儒林、文苑、忠義、孝義、遺逸、藝術、疇人、列女、土司、藩部、屬國等列傳，共十五類，現藏清史館傳稿，除上述十五類外，尚含有宰輔、疆臣、儒學、孝友、隱逸、卓行、醫術、貨殖、叛臣、逆臣、四王、台灣等類列傳，俱未選刊。總之，無論是清代國史館，或民初清史館，都含有紀、志、表、傳的各種稿本，現刊《清史稿》選刊了部分稿本，還有頗多稿本，並未刊印。

六、結　論

　　國立故宮博物院現存各類檔案，都有它的特點及其史料價值。《宮中檔》的內容，主要來自各省外任文武大臣，因此，含有非常豐富且價值極高的地方史料；雍正、乾隆以降，舉凡軍國大計，內政外交，軍機大臣莫不總覽，而成爲清代中央政令所自出之處，其經辦交移中涉及內政外交者，不計其數，軍機處及方略館就是一個典藏豐富的史料中心；內閣爲典掌綸音重地，雍正、乾隆年間，其職權雖漸爲軍機處所奪，惟各部院經辦例行公事的文書及內閣大庫所保存的檔案，其數量可謂浩如煙海，具有高度史料價值；現藏史館檔所保存的各種稿本及傳記資料，數量龐大，對《清史稿》的校注及清史的整修，都提供既具體又豐富的第一手史料。因此，從現藏《宮中檔》、《軍機處檔》、《內閣部院檔》等，可以瞭解清代政治的得失及社會經濟等方面的變遷；從清代國史館及民初清史館所纂修的史書，則可瞭解清代及民初史學的發展。

　　檔案的整理與出版，可以帶動歷史的研究。清代檔案的整理出版，早在清代前期已經正式開始。雍正十年（1732），清世宗特檢歷年批發的奏摺，命內廷詞臣繕錄校理，刊印成書。乾隆三年（1738），正式出版，題爲《世宗憲皇帝硃批諭旨》，共一百一十二冊。但對照《宮中檔》原摺後，可知該書並非直接史料，奏摺內容多經刪略，硃批旨意，尤多潤飾，而減低了其史料價值。由此可知清代雖然出版硃批諭旨，但並未減低雍正朝《宮中檔》的史料價值。又如庚子惠州之役，《宮中檔》德壽奏摺，內容詳盡。《革命逸史》所錄清吏奏摺，多經刪略，頗有出入，並非直接史料。

　　故宮博物院在成立之初，既以典藏文物為職志，亦以刊佈文獻為一貫的計畫，文獻館先後出版《史料旬刊》、《文獻叢編》、《掌故叢編》、《掌故拾零》、《清代文字獄檔》、《清太祖武皇帝實錄》等書。民國五十四年（1965），國立故宮博物院在士林外雙溪正式恢復建置以來，即積極進行檔案的整理工作，首先著手《宮中檔》的編目工作，將奏摺等文書按奏報年月日的順序編排，在原摺尾幅背面加鈐登錄號碼，然後摘錄事由，填明年月日及具奏人姓名、官職，製作草卡，經核校後，再繕正卡，並編製具奏人姓名索引及分類索引。《宮中檔》編目工作告竣，又賡續《軍機處檔·月摺包》的編目工作，按照《宮中檔》的編目方法，先編草卡，再繕正卡，除登錄具奏年月日、官職、姓名、事由、硃批外，另填明奉硃批日期，以便查檢，並編製具奏人姓名索引。至於各類檔冊，亦分類整理。為便於繙檢各類檔冊，國立故宮博物院特編印《國立故宮博物院清代文獻檔案總目》、《國立故宮博物院藏清代文獻傳包傳稿人名索引》各一冊，標列檔冊名目，現存年月及冊數。傳稿、傳包亦標明姓名及編號，頗便於提閱。

　　為便利中外學人的研究，國立故宮博物院按照計畫將院藏檔案陸續影印出版。包括：《舊滿洲檔》十冊，《清太祖武皇帝實錄》漢文本四卷，《袁世凱奏摺專輯》八冊，《年羹堯奏摺專輯》三冊，《宮中檔康熙朝奏摺》九輯，《宮中檔雍正朝奏摺》三十二輯，《宮中檔乾隆朝奏摺》七十五輯，《宮中檔光緒朝奏摺》二十六輯，《清宮月摺檔台灣史料》八冊，《清宮諭旨檔台灣史料》已出版六冊，其餘正編印中。為維護檔案原件的完美，現藏老滿文原檔四十冊已拍成採色縮影微片。《軍機處檔·月摺包》也開始製作光碟。

　　近數十年來，由於台北國立故宮博物院積極進行全面性的檔案整理，以提供研究，海內外學人得以利用現藏檔案，撰寫專書及論文。國立故宮博物院一向本著學術公開、史料公開的原則，爲國內外學人提供一個良好的研究環境，展望未來，清史研究必將有更豐碩的成果，培養更多的人才，這也是學術界值得慶幸的現象。總而言之，近年以來，由於檔案資料的積極整理與開放，使清史的研究，在質與量兩方面都可以說是日新月異。

附錄一
清吏之奏摺（馮自由《革命逸史》）

附錄清粵督德壽奏報惠州革命黨起事摺如下：

竊照惠州會匪肆擾，欽奉電旨垂詢，經奴才將康孫各逆勾結土匪起事，及咨飭水陸各軍剿辦情形，於閏八月十八日先行電奏。茲將該土匪勾結起事，及調營剿辦詳細情形，謹縷晰陳之。本年閏八月初間，奴才訪聞歸善縣屬三洲田地方，有孫康逆黨勾結土匪起事，並在外洋私運軍火至隱僻海灘，轉入內地。當以逆黨主謀，意圖大舉，實非尋常土匪可比。且查三洲田地方，山深林密，路徑紆迴。南抵新安，緊逼九龍租界，西北與東莞縣壤，北通府縣二城，均可竄出東江，直達省會。東南海豐毗連。亦係會黨出沒之處，非派營勇面面顧到。難期迅速撲滅，爰咨水師提督何長清抽撥新舊靖勇及各臺礮勇共足一千五百餘人，先由新安之深圳墟向北兜截，直搗三洲老巢。防擾租界，復派大小兵輪在洋面巡弋，莫善積率喜勇於閏八月初十馳抵歸善。維時匪黨未齊，猝聞兵到，遂定於十三日豎旗起事。先以數百人猛撲新安沙灣墟，欲擾租界，幸何長清靖勇已抵深圳，乃回攻橫岡。連次接戰，互有勝敗，兇焰益張，警報日至。奴才以總兵黃金福所統信勇已撥兩營分駐東西兩路，因令再帶一營，由府城進剿，以壯聲援，此奴才添調營勇分投防剿之情形也。逆首孫汶伏處

香港，時施詭計，而三洲田匪巢，則以鄭士良劉運榮等充僞軍師，蔡景福等充僞元帥，陳阿怡等充僞先鋒，何崇飄黃盲福黃耀庭等充僞元帥，黃楊充僞副元帥。旗幟僞書大秦國及日月等悖逆字樣，各匪頭纏紅巾，身穿白布，鑲紅號褂。甫於閏八月初八九日聚集，既踞龍岡，四出焚搶，附脅日聚。惠州府知府沈傳義募土勇二百名，委歸善縣縣丞杜鳳梧管帶。二十二日會同喜哲各軍齊赴前敵，行至距城十餘里之平潭地方，賊隊麇至，莫善積奮勇當先，陣斬僞先鋒蔡阿牛陳阿福等，斃匪數十名。正期得手，詎附近匪鄉糾約千餘人，各帶快鎗牌刀齊來助匪，分路包抄。我軍被困，陣亡勇丁數十人，縣丞杜鳳梧被擄，府縣兩城同時戒嚴。幸是日都司吳祥達帶哲字左營，由海豐來，橫瀝深柏洞團練適又誘獲僞副元帥黃楊，訊明正法，兵氣稍振，此閏八月二十六日以前歸善匪勢之猖獗情形也。匪既不竄出江面，乃折而向東，欲與海豐陸豐股匪爲一氣。匪二十六日進踞三多祝，二十七日黎明，自晨刻戰至日昃，鎗礮齊施，匪不少却。吳祥達持鎗血薄，當場殺斃僞軍師劉運榮僞元帥何崇飄楊發等多名，匪勢漸覺披靡，遂揮衆掩殺，斃匪五六百名，奪獲旗幟馬匹鎗礮無算，救拔縣丞杜鳳梧及被擄婦孺百人，乘勝克復三多祝黃沙洋兩處。查驗陣斬匪屍，內有一具係服外洋衣袴，詢之生擒各匪，均指爲僞軍師鄭士良，未知是否確實，此閏八月二十七日勦辦歸善會匪獲勝之實在情形也。當歸善匪勢鴟張之日，閏八月二十五夜匪攻河源縣城，經知縣唐鏡沅竭力抵禦，匪退黃沙磚瓦窰，二十七日黎明石玉山帶隊掩至，縱火圍攻，斬馘百餘，焚斃無算，和平本駐廣毅軍一哨，匪首曾金養率衆焚燒南門城樓，營勇兵團齊出力戰，陣斬匪首曾金養，生擒數十名，匪始潰散，此又惠州各屬會匪響應各營勇先後獲勝之實

在情形也。奴才伏查逆首孫汶，以漏網餘兇，遊魂海外，乃敢潛回香港，勾結惠州會匪，潛謀不軌，軍火購自外洋，煽誘徧及各屬，豎旗叛逆。先擾逼近租界之沙灣墟，意在挑啓中外釁端，從中取事，其兇險詭譎，實與康梁逆黨勾結長江兩湖會匪同時作亂情形，遙遙相應。雖官軍乘其未定。先已兜截，使兩路之匪不能聯合一氣，歸善之匪未能竄越一步，然猶豕突狼奔，橫厲無比，戕殺弁勇，擄捉印官，各路會匪仍敢同時並舉，雲集響應，罪大惡極，無以逾此。幸仰仗朝廷威福，將士用命，旬日之間，羣兇授首，脅從逐漸解散，地方轉危爲安，城池租界均未擾及，不致貽外人口實，尤爲始料所不及。其僞軍師僞元帥等半已伏誅，而首逆之孫汶，與謀之康梁各黨，初則伏匿港澳，繼聞竄跡外洋，前已照會港澳各洋官密拿懲辦，即不能剋期就網，當亦不敢潛回云云。

附錄二

《宮中檔》硃批奏摺

奏

奏為廣東惠州會匪被外匪勾結起事派營勦辦

獲勝迭仍飭搜捕餘匪情形恭摺具陳仰祈

聖鑒事竊照惠州會匪肆擾欽奉電

旨速詢經等將康孫各逆勾結土匪起事及咨飭水

陸各軍勦辦情形於閏八月十八日先行電奏

二十三日欽奉電

旨此起土匪仍著督飭何長清等各營合力痛勦迅

速撲滅毋任蔓延欽此欽遵嚴督勦辦詢據該文

武先後稟報屢次接仗撲勝大股匪類業已撲

滅等情續經具於九月初七日電奏十一日欽

奏電

臺惠州土匪辦理尚為迅速仍著嚴飭搜捕毋留餘
孽茲將該土匪勾結起事及調營勦辦詳細情
形謹縷晰陳之查廣東惠州府屬民情強悍來
深拜會械鬥搶掠習為故常近海之歸善海豐
等縣無多洋盜鹽梟皇以故嘯聚甚易動輒滋事
即歸善一屬十餘年來總計會匪黃五春煙燉
會匪黃狂成拒敵官軍搶劫墟市屢經派營勦
戮迄未淨絕根株本年閏八月初間等訪聞歸
善縣屬三洲田地方有孫康述黨勾結土匪起
事迄在外洋私運軍火至隱解海汊將入內地比
當以述臺主謀意圖大舉實非尋常土匪可比
且查三洲田地方山深林密路徑紆迴南抵新
安縣福永龍輪東北與東莞縣接壤北通府

縣二城均可寶戚東江直達省會東與海豐貼
速亦俟會匪此汛之處非多流蓉勇面面顧到
雜期述速撲滅愛咨水師提督何長清抽撥新
借靖勇及各臺礮勇共足一十五百餘人先由
新安界復流大小兵輪在洋面逡巡斷共接濟西
北一路流介勇一營駐紮歸善東莞交界要隘明
文溯帶廣安水軍一營分扼東江水陸防蠹江面
所轄廣海豐陸豐二縣原流鄰司并祥達帶拊

勇左營駐紮海豐三路陸路提督鄒湖州信勇一
營填紮為進兵之路提督鄒萬林原統拊字營二
城左右三營練兵正詞兩營廣教軍一營分北惠
州十屬辦理緝捕在歸善者僅拊勇練兵數哨惠

一聞匪警各屬震動不能抽回等詞先派補用同

將吳善積營帶勇一營由省馳赴會勦一面

咨令鄧萬林添募一營名曰立捷軍久派赴海

鎮總兵劉柏盛刀暴一營名曰靜字營均由府

城直攻巢穴吳善積善勇於閏八月初十日馳

抵歸善雉時匪黨未齊將聞兵到遂竄於十三

日啟程龍岡界辛何長清靖勇已抵深圳乃回攻橫岡欲

進踞龍岡善於各勇連次接戰互有勝負兇燄

益張營報日至以總兵黃金福所統信勇已

撥兩營分駐東西兩路因令再帶一營由府城

進勦並令記名總兵陳緝熊帶勇兩營繼進

以壯聲援此等添調營勇分投防勦之情形也

逆首孫汶伏處春港橋施誑計右三洲田匪巢

則以鄉士良劉運漂等充偽軍師慈崇福陳亞

悟字充偽先鋒何崇飄黃曰福黃耀共字充偽
元帥黃揚充偽詞元帥旗幟偽書大秦國及日
月等將迎字謀各匪頭纏紅巾身字白布鑲紅
號赴甫於閏八月初八九日聚集既踞龍岡四

出焚搶附脅旬日派總兵劉抒威新募鄉勇成軍
惠州府知府沈傳義梁士秀二官名委歸善縣
縣丞杜鳳梧啟帶二十二日會同善哲各軍奔
赴前敵行至距城十餘里之中壇地方賊陸廣
至吳善積奮勇當先陣斬偽先鋒蔡延生陳亞
福等斃匪數十名正期得手詎附近匪鄉村約
十餘人各帶快搶牌刀齊來助匪分路包抄我
軍被圍陣亡勇丁數十人縣丞杜鳳梧被擄府
縣兩城同時戒嚴事旬都司吳祥達帶勇
左營由海豐至鄒萬林所招立捷新軍亦同時
抵惠橫瀝港森柏洞圍練適大誘獲偽副元帥黃

揚訊明正法兵氣銷振連日匪寔附城之染化
雷公此意圖直出束江各軍力扼其前不得上
寔此間人月二十六日以前歸善匪勢招撤之
情形也匪既不得竄出江西乃折而向束欲與
海豐陸豐股匪聯為一頑三多祝者歸善者各
匪鄉與海豐交界之要隘也先泒哲勇練兵孫
防句結二十六日匪攻三多祝相近之黃沙洋

營帶綠兵登副將本義勝揭力拔援吳祥達市
由間道趕到而匪乙進踞三多祝二十七日黎
明吳祥達率哲字左營及折字中右營各哨並
云捷軍三路進勒吳書積半善字登勇援應匪
亦分路拒敵自辰刻戰至日反槍碳齊施匪不
少漆僑元帥何崇飄揚發等多名匪勢漸覺披靡
遂揮承摧殺遊宛匪五六百名奪獲旗幟馬匹槍

礮，無不攻。攻縣丞杜鳳梧及被擄婦孺數百人，乘勝克復，三洲田祝黃沙洋丙虎查險陣軒匪處，內有一具，係服外洋衣袴均之，生擒各匪均指為僑軍帥鄭士良，未知是否確實。同日何長清率隊進攻三洲田，復其巢穴，被搶槍枝紅中等，仍餘壹焚燬。此間八月二十七日，勤辦歸善會匪被勝之實，在情形也。當歸善匪勢鴟張之日，海豐縣大壂山聚匪數千，河源、和平兩縣亦有匪千餘人、數百人不等，同時撲城，意欲乘我惶遑之際，遑被攻誅。幸海豐先派信勇填紮，大調署碣石鎮總兵吳善昌率隊勤剿，匪遂聞風潰散。敗河源、和平兩屬，先派參將石玉山帶廣軍殺東，應閏八月二十五夜，匪攻河源縣城，經知縣唐鏡沅鈞力抵禦，匪退黃沙、甄瓦壟。二十七日

黎明石玉山帶隊掩至縱火圍攻斬識百餘處

甓燕萬年和平本駐廣殺軍勇一哨匪首曾金養

李梁來扶燒南門城樓營勇兵圍斃出夕戰陣斬

匪首曾全養生掄數十名匪始清散此大忽州

也等伏查逃首孫汶以滿綢餘山遊魂海外乃

敕潜回香港句結惠州會匪潜謀不軌軍火購

自外洋娟誘諉編及各屬豎旗板述先援倍近祖

界之沙灣墟意在挑釁中外釁端從中取事其

光險詭謀實與康梁逆黨句結長江兩湖會匪

同時作亂情形遙遙相應雖官軍乘其未定先

已兜剿使各路之匪不能聯合一氣歸善之匪

不能竄越一步然禍多突棖本橫偶無此成叙

奔勇掩捉印官各路會匪仍敕同時並舉雲集

攀應罪大忍極無以逾此幸仰伏

朝其威福將士用命旬日之間犖凶投首脅從逐漸
解散地方轉危為安城池租界均未攝及不致
貽外人口實無為始料所不及其偽軍帥偽元
帥等手已伏誅而首述孫汶與同謀之康梁各
黨初則伏匿港澳繼聞竄跡外洋前已照會
港澳門各洋官密拏懲辦即不能起期就擒當
亦不敢潛回淮是惠州各屬本多匪鄉散則為
民聚則為匪此次當會匪招誘之時竟敢堅旗
助戰廿三從逆尤為狂悖現在大股匪徒雖已
擊散仍當懍遵電

旨嚴飭捕拏已分咨水師提督何長清陸路提督鄧
萬林各率營勇分赴各鄉挨村清查如有當時
助匪之徒擒獲嚴辦毋留餘孽務使根株悉除
以仰副

聖主綏靖海疆之至意至此次出力員弁衝鋒陷陣
擒斬渠魁實有微勞又錄且於外釁方張之日

力除內患其稗益大局无非淺鮮可否係事殊

後由臣查明擇尤奏請

復獎以示鼓勵出自

鴻慈除分咨督辦軍機處及兵刑三部查照及係各屬匪

鄉痞清匪方行奏報外所有惠州會匪勾結滋事

勦辦獲勝情形理合繕摺具陳伏乞

皇太后
皇上聖鑒訓示再廣東巡撫係李本任毋庸會銜合

併陳明謹

奏

等知道了即著嚴飭該撫提督著尚後准其擇尤

將餘匪搜捕盡淨毋許漏網將弁兵搜捕毋許滋擾

光緒二十六年九月　十四　日

評　論

古 鴻 廷

　　莊教授爲國內著名的清史專家，對故宮檔案之瞭解非常深刻，拜讀本文，獲益良多。莊教授對奏摺制度之起源，分析功力之深，令讀者可從紛亂中得到一清晰的影像，對軍機處之成立，更從史實中建立一令人折服的觀點。而莊教授旁徵博引從現存奏摺中指出後人研究的方向及引用的資料，對研究清史的學者幫助尤大，對從事社會史研究者，更提供一明確的指標。今日故宮檔案的整理與開放將有助於我國的研究工作。

故宮運臺文獻檔案之整理與分類

劉 家 駒

東吳大學歷史學系教授

一、前 言

　　故宮博物院運台的文獻檔案總共二〇四木箱，計宮中檔案三一箱、軍機處檔案四二箱、清國史館及清史館檔案六二箱，其他則爲漢文滿文起居注、本紀、實錄、滿文老檔及國書等。至於箱中的確實件數，及箱中究竟有那些史料，當時並不清楚。由以上運台的文獻檔案的數目來看，可知故宮運台的文獻檔案零星不全，一樣都有一點，但沒有一樣是齊全的，而且總共只佔故宮原藏文獻檔案十分之一、二，這是非常可惜的。自故宮遷至台北外雙溪後，乃有計劃的上架整理這些檔案。將每件檔案均加以編號，並將每件檔案的內容摘要製成卡片。在整理過程中也引起國內外學人高度的興趣，先後來故宮研究這些珍貴史料的學人，計有傅宗懋、黃培、吳秀良、楊啓樵、王業健、龐百騰、吳振強、何漢威、李中清、劉錚雲等人。

　　這項煩重的整理文獻檔案的工作經故宮同仁十餘年的辛勞，已全部整理完竣。故宮乃於民國七十一年將整理成果出版〈國立故宮博物院清代文獻檔案總目〉，其後又出版院藏〈清代文獻傳包傳稿

人名索引〉。此二書對故宮所藏各種文獻檔案均有詳細目錄介紹，以便利學者充份利用這批珍貴的史料。

此外故宮還曾將所藏清宮中檔案及軍機處檔案依其時間順序、提奏人及其檔案內容之摘要，編成人名及分類索引總表。只要一查此總表卡，就可知道是否有其所需要的史料。茲將各種文獻檔案之性質及其整理分類之情形，概略介紹於後。

二、宮中檔及其性質

清朝的奏摺制度大體沿襲明朝，也有其因革損益而獨創的部分。奏摺制度仍以公題私奏爲原則，也就是公事用題本奏報，私事用奏本奏報。但一位大臣的公事與私事有時實在很難明顯的劃分，甚至就連雍正皇帝所寵信的大臣李衛有時都分不清楚。題本與奏摺的顯著不同，是題本正面蓋有題奏人的職銜關防，奏本或奏摺因係大臣以私人身份上奏給皇帝的，所以其封面沒有蓋上奏者的職銜關防。題本是由通政司轉呈，奏本則由大臣的家人直接送至宮中。故宮所藏宮中檔案就是由清朝內外大臣等以私人身份上給皇帝的奏本或奏摺。至於題本則保存於中央研究院歷史語言研究所，其來源實有一番心酸，差一點就變成了紙漿，是史語所創辦人傅斯年先生以二萬元銀元買回的❶。

滿清入關統治中原後，爲了便於統馭滿漢蒙古大臣及瞭解各地情形起見，規定地方總督、巡撫、布按二司，學政及提督，總兵，八旗都統及各地駐防將軍等均得以私人身份向皇帝報告事情，道府

---

❶　李宗侗著〔史學概要〕頁二八三，內閣檔案。

州縣等地方官或其他與道府職級相等的官僚非經特別恩准，則沒有此種上奏權。清初設十八行省，故同時以私人身份向皇帝上奏摺的中央及地方官僚的人數，不會超過三百人❷。大臣等既以私人身份爲皇室效勞，向皇帝報告，而滿洲、蒙古、漢軍旗人是皇室的世僕家奴，故自稱奴才，不在旗籍的漢大臣則稱臣並列全職官銜。有上奏權是一項光榮的義務與權利。當督撫上任之初，皇帝先賜發報匣，准其以私人身份奏報。匣上有鎖，只有皇帝與上奏大臣方可開啓。大臣上奏時，先在家中擺香案，拜摺後再將奏摺放於匣內上鎖加封，交由親信家人呈送。此爲皇帝與大臣間秘密通信息的一種方法，不能洩漏也不能發生橫的關係。奏摺要由大臣等親自繕寫，不能假手幕府他人。皇帝也親自批閱。康熙皇帝曾有因右手有疾，由左手批改大臣奏摺之事。由此可知清初諸帝對奏摺之重視。經皇帝閱過硃批後之奏摺再發還上奏大臣閱看保存。雍正皇帝即位後，於康熙六十一年十一月廿七日下令，規定內外大臣等將他們保存的硃批奏摺一律繳還宮中，不能抄寫，存留，隱藏，或焚棄，否則「斷不寬宥，定行從重治罪」。從此硃批奏摺之繳還宮中就成了定例，「繳批」二字也變爲專有名辭。故宮所藏之宮中檔案就是大臣等繳還宮中的硃批奏摺，又稱「硃批諭旨」。

批改奏摺之詳細首推雍正皇帝，他不僅在摺後，摺中間及摺上眉批，甚至還改大臣的錯字。他的硃批有洋洋千言者，其行文之流

❷ 故宮所藏乾隆 卅年宮中檔奏摺，自正月初一至十二月，每月均全，共二千九百十件，是方觀承等兩百十六人的奏摺，而〔雍正硃批諭旨〕也是田文鏡等二百卅 三位大臣的奏摺，故據此粗略的估計，能同時有權以私人身份向皇帝上奏摺的官僚人數，不會超過三百人。

暢，氣勢之磅礴，實有君臨天下之勢，在他即位後之前六年，「畫則延接廷臣，引見官弁，傍晚觀覽本章，燈下批閱奏摺，每至二鼓三更」❸。雍正皇帝孜孜勤政之辛勞，可想而知。其實雍正皇帝的硃批，已超出政事之範圍，「有教人爲善，戒人爲非」，教育臣屬的作用❹。「曉以福善禍淫之理，勉以存誠去僞之功」，甚至有兩人奏事相同，而雍正皇帝的硃批而完全不同者，此則爲雍正皇帝「因人而施，量才而教」❺。所以研究雍正皇帝的硃批奏摺，不僅可瞭解雍正朝的政治、軍事、經濟及社會情形，更可認識雍正皇帝及其大臣之學養與個性。

　　雍正年間成立軍機的主要動機，爲用兵西北，需調用一批大臣襄助處理軍事，但奏摺之繁多，工作之繁重，也是成立軍機處主要原因之一。在清朝初期，硃批沒有一定格式，至嘉慶以後就簡單多了，也流入一定的形式。最簡單的硃批只有一個「覽」字，或「知道了」，「該部知道」，「該部議奏」等字。康、雍、乾、三朝是清朝的極盛時期，嘉慶以後就走向衰運，由硃批的繁簡來看皇帝之勤政與否？也可略窺一點清朝盛衰的縮影。

　　在宮中檔案中有很多密摺，甚至有王鴻緒的密繕小摺，以現今的眼光來看實在沒什麼秘密的價值可言。這種密摺長約八公分，寬四公分，眞是名實相符的小報告。密摺是由上奏大臣的親信家人送至宮中，不經通政司轉呈。但許多密摺是夾在請安摺或謝恩摺內一併進呈的。請安摺的內容很簡單，甚至僅有「恭請皇上聖安」六字，

---

❸　〔雍正硃批諭旨〕，上諭頁二。
❹　〔雍正硃批諭旨〕，上諭頁一。
❺　〔雍正硃批諭旨〕，上諭頁一。

而皇上硃批也只是「朕安」二字，但有時皇上在硃批「朕安」之餘還詢問其他的事。所以就史料而言，請安摺沒有什麼意義，但硃批有時確是有價值的史料。故宮所藏請安摺以康熙、雍正二朝爲最多，此或與康、雍二朝密摺多有關❻。因有資格向皇帝請安的大臣，也就是有職責向皇上密摺言事。

在宮中檔案中所佔比例最大的是奏報各地雨雪，田禾、糧價及災情方面的奏摺。總督、巡撫及布按二司是地方行政長官，職責所在，每月例行要奏報地方雨雪田禾糧價情形，就是提督、總兵等地方武職官僚也有責奏報民情雨雪等事。上任，進京陛見，御任，休致還鄉的官僚有時也奏報沿途所見所聞的地方雨雪糧價民情。此外還有許多特殊機關如江南織造衙門的官僚等，也要奏報地方民情。李煦、曹寅曾爲江南織造，在奏摺中有很多奏報江南雨水糧價之事❼。這實是織造外的職責，專爲皇室搜集及打聽江南地方的情報❽。在經筵講官王鴻緒卅四件密繕小摺中，有四件與地方雨水糧價有關❾。以密摺奏報地方雨水糧價，實爲防止地方官奏報不實，欺隱等情弊的發生，也是考核地方官的一種方法。所以同年同月同一地方

---

❻ 請安摺有時即密摺，在蘇州織造李煦，江寧織造曹寅的許多奏摺中第一句話即恭請「皇上萬安」，然後在奏報事件。當然康熙雍正二朝的請安摺多，也和康熙及雍正皇帝晚年健康欠佳有關。李煦 的奏摺見〔文獻叢編〕下冊八五四至九〇六頁。

❼ 〔故宮文獻〕二卷一期一二八至一九四頁，影印江寧織造曹寅的一〇七及曹頫九件奏摺。

❽ 蘇州織造，江寧織造的眞正職責爲內務府採購皇室宮中所需用的物品，但亦爲皇帝的耳目，「打聽」消息。「打聽」二字爲康熙皇帝所慣用，在曹寅一〇七件奏摺的硃批諭旨中有七次用「打聽」二字「再打聽再奏」，「再打聽等語」。

❾ 〔故宮文獻〕一卷一期，影印王鴻緒密繕小摺。

的雨水田禾糧價災情的奏摺就有很多件。地方官僚等不敢欺瞞，皇
帝對各地方的情形才能確實瞭解，而中央的施政與賦稅才有基礎。
值得注意的，在故宮所藏宮中檔案中，奏報地方雨雪災情糧價的奏
摺，以康、雍、乾三朝所佔的比例最大，嘉慶以後就有逐漸減少的
趨勢。而且這一類型的奏摺也流入形式，沒有以前詳盡。康、雍、
乾三朝被稱爲是清朝的極盛時期，由其諸帝王之關心及重視民瘼的
情形來看，實非倖至！這些奏報地方雨雪倉貯糧價及災賑的奏摺，
實爲研究清代經濟史最有價值的史料。

　　非常可惜是故宮運台的檔案數量太少，總共宮中檔計一五三二
一五件，其中大部分仍貯存於中共北京第一檔案館，故故宮的文獻
檔案缺了很多，而且在時間上也不相連。如順治朝全缺，康熙朝宮
中檔奏摺也只有二千九百八十六件，而且大多是康熙卅五年以後的
奏摺。康熙一朝是奠定清朝統治基礎的時期，尤其是康熙早期比晚
期更爲重要，此一重要時期文獻檔案之缺失，實在很可惜。雍正朝
有二萬二千三百七十五件奏摺，是故宮運台的文獻檔案中在時間上
最齊全的一部分。雍正在位十三年，每年的奏摺均有，但若以雍正
一朝七、八萬件奏摺而言❿。則故宮所藏雍正硃批奏摺也只佔雍正
朝全數奏摺的三分之一。

　　乾隆朝的奏摺五萬九千四百卅六件，是故宮所藏宮中檔中數量
最多的一個朝代，但其時間上並不相連。乾隆十六年前的奏摺只有

---

❿　雍正十年檢出準備刊印的奏摺除已印於〔雍正硃批諭旨〕的五五二三件，尚有
　　未刊印的奏摺八三四三件，總共一二八〇七件。雍正皇帝在〔雍正硃批諭旨〕
　　的上諭中云：只檢出諭旨中十之二、三準備刊印。故雍正一朝十三年的奏摺，
　　據粗略的估計，應有七、八萬件之數。

十幾件，十六年七月至廿一年十二月，大致每月均全。廿七年只存閏五月。廿八年至卅年每月均全。卅二年二月至十二月全。卅三年每月均全。卅四年只存五月。卅八年八月至十二月全。卅九年每月均全。四十二年至四十四年每月均全。四十六年只有八月至十二月全。四十七年至四十八年每月均全。四十九年只有一月至六月全。五十年七月至十二月全。五十一年六月至十二月全。五十二年至五十四年每月均全。

　　嘉慶朝的奏摺一萬九千九百卅六件。缺八年至十二年，及廿一年至廿五年的奏摺。其他各年份的奏摺缺了很多，只二年、三年及十三年每月均全。

　　道光朝的奏摺一萬二千四百九十二件。缺元年至十六年，及廿年、廿三年至廿四年，廿八年至卅年的奏摺。其餘各年份的奏摺均有但不齊全。

　　咸豐朝奏摺一萬七千零九十二件，除缺四年、七年的奏摺外，其他各年份的奏摺均有但不齊全。

　　同治朝宮中檔案奏摺數量最少，只有一百七十六件。除缺九年及十年的奏摺外，其他各年份的奏摺均有但也最不齊全。

　　光緒朝奏摺一萬八千四百八十六件，包括袁世凱、徐世昌等七百卅餘人的奏摺。自光緒元年至卅四年各年的奏摺均有，但也不齊全。

　　宣統朝奏摺只有九十七件，包括元年至三年的部份奏摺。

　　故宮博物院爲了廣爲流傳及便於學界保存及充分利用這批珍貴的史料起見，在整理過程中，即陸續影印出版，現已將宮中檔全部整理出版完竣。總計：

宮中檔康熙朝奏摺共九輯，八、九兩輯為滿文諭摺。

宮中檔雍正朝奏摺共卅二輯，二五至二七共三輯為雍正朝無年月的奏摺，二八至三二輯共五輯為滿文諭摺。

宮中檔乾隆朝奏摺共七五輯，七四至七五共二輯為乾隆朝無年月的奏摺。

宮中檔嘉慶朝奏摺共三一輯三六本。

宮中檔道光朝奏摺共二〇輯三〇本。

宮中檔咸豐朝奏摺共三二輯四八本，最後附同治及宣統朝若干奏摺。

宮中檔光緒朝奏摺共二六輯。

在影印出版時，發現宮中檔相當完整，沒有霉爛，虫蛀及殘缺零亂等情形，此即與故宮的優良傳統有關。因故宮博物院對任何文物，即令是片紙隻字，都當國寶一樣看待。這種維護歷史文物的優良傳統與精神，應為學界保存文物時所尊重與發揚。

三、軍機處及其內閣檔冊

軍機處正式成立於雍正七年，軍機大臣的重要職掌之一，即襄助皇帝處理公務，故督、撫、布、按等地方官呈送給皇帝的奏本，除密摺、請安、謝恩或純屬私人事務的摺片外，軍機處要抄錄二份存查備用，一份以行草書照原摺的格式抄錄，一份則以楷書謄錄原摺按月裝訂，每月一冊或六冊不等，此即為故宮博物院所藏軍機檔奏摺錄副及軍機處月摺檔。另由通政司轉呈皇帝，硃批後交軍機處辦理的題本，軍機處亦照例抄錄二份，故軍機處檔案除保存督撫等

地方官的奏摺抄本外，還有許多題本的抄本。在軍機處奏摺錄副檔中還保存許多皇帝御筆硃批後將原摺中單片留中後，交軍機處辦理存查的清單，如奏報雨水糧價的清單，河工圖樣，戶口錢糧之清冊等。這些清單圖冊，比其原奏摺詳盡，在個案研究中也就更具史料價值。若純以史料的觀點而言，軍機處檔冊雖是抄本與錄副及清單圖冊的正本，但比宮中檔的範圍廣，比較詳盡齊全，也就更有史料價值。

故宮所藏軍機處奏摺錄副檔總共有一八九九〇六件。計乾隆朝四萬七千一百零四件。自乾隆十二年至五十六年止。十二至十三年每月均全。十四年正月至十月全。十五年至十七年每月均全。卅四年七月至十二月全。卅五年至卅七年每月均全。四十三年六月至十二月全。四十八年四月至十二月全。四十九年正月至七月全。五十三年十月至十二月全。五十四年至五十五年每月均全。五十六年只正月全，其他各月均缺。

嘉慶朝軍機處奏摺錄副檔案計六千八百卅六件。內含嘉慶十一年、十二年、十八年、廿年、廿一年、廿二年、廿三年的奏摺。其中廿一年、廿二年的奏摺較多但不全。

道光朝軍機處奏摺錄副檔計二萬八千五百零六件。道光六年自十一月上半月至十二月全。八年正月至九月全。十三年正月至十月全。十四年每月均全。十六年正月至八月全。廿五年每月均全。廿六年正月至二月全。廿七年每月均全。廿八年正月至五月全。

咸豐朝軍機處奏摺錄副檔計六千三百九十六件。內含元年、二年、三年的奏摺，只二年的奏摺每月均全。其他各年均不全。

同治朝軍機處奏摺錄副檔計二萬九千九百五十一件。同治二年

六月至十二月全。三年正月至十一月全。九年五月至十二月全。十年正月至十一月全。十二年七月至十二月全。十三年每月均全。

光緒朝軍機處奏摺錄副檔計五萬六千零十八件。自光緒七年至卅四年止。七年十月至十二月全。八年正月至七月全。十年正月至八月全。廿年正月至十月全。廿七年七月至十二月全。廿八年七月至十二月全。廿九年正月至六月全。卅年二月至九月全。卅四年六月至十二月全。另有光緒朝各年的散摺，約可分為五年、六年、十五年、十六年、十七年、十八年、十九年、廿年、廿一年、廿二年、廿三年、廿四年、廿七年、廿八年、卅年等年月的奏摺。

宣統朝軍機處奏摺錄副檔計一萬五千零九十三件。內含宣統元年、二年、三年的奏摺，其中只有元年每月均全。

故宮博物院為了保存及學界借閱時不損傷軍機處奏摺錄副檔案的脆弱紙質，目前正將這批檔案錄製光碟片。將來學界欲利用這批史料，就更為方便而省事了。

至於故宮所藏軍機處月摺檔冊，自道光至光緒，大概每朝均全。計道光朝一百四十三冊，咸豐朝一百五十九冊，同治三百八十四冊，光緒朝七百四十八冊，總共一千四百卅四冊。其中還有許多譯漢月摺。軍機處道、咸、同、光四朝的月摺檔冊中保存如此多的奏摺，實在可補這四朝宮中檔及軍機處錄副檔之缺少而彌足珍貴。

軍機處的上諭檔，寄信上諭或廷寄檔，也是故宮所藏重要檔冊之一部分。上諭檔係軍機處及內閣抄錄每日宣諭承宣諭旨的檔案。就諭旨的性質而言，可分為明發上諭與寄信上諭二種。明發上諭為曉諭臣民經內閣宣示中外者，寄信上諭為事關機密不便發抄，專為某事寄給某人，或某幾個人者。因其事關機密寄自內廷，故又稱廷

寄。嘉慶十一年，寄信上諭直接改名廷寄。廷寄是由軍機處擬妥，蓋軍機處關防，由驛站傳遞。其傳遞之快慢係視事務之緩急，由軍機處註明於函外，如馬上飛遞，或四百里，或五百里，或六百里加緊等。上諭檔乾隆年間每年一冊，嘉慶道光年間每季一冊，全年四冊。咸豐中葉以後，諭旨較多，增爲每月一冊，全年十二冊或十三冊。其中又有譯漢上諭及因裝訂之不同而有方本及小方本與長本及小長本之別。

故宮所藏上諭檔雍正朝一冊。乾隆朝一百四十四冊，乾隆卅六年以後之上諭大概均全。嘉慶朝三百卅三冊，嘉慶元年至廿五年的上諭均全。道光朝七百九十六冊，道光元年至卅年的上諭均全。咸豐朝三百十八冊，咸豐元年至十一年的上諭均全。同治朝三百冊，同治元年至十三年的上諭均全。光緒朝九百四十八冊，除缺光緒卅年至卅二年的上諭外，光緒朝其他各年的上諭大概均全。

故宮所藏寄信或廷寄檔，乾隆朝四十八冊，嘉慶朝一百冊，道光朝一百卅一冊，咸豐朝四十冊，同治朝九十四冊，光緒朝卅二冊。另有剿捕廷寄道光朝十一冊，咸豐朝一百卅五冊，同治朝一百九十冊，光緒朝廿八冊。又有剿捕專檔如乾隆剿捕回檔二冊，嘉慶剿捕教匪等檔九十一冊，及同治朝剿捕檔一百八十五冊。

這些上諭，廷寄或剿捕專檔所記載之史料比〈大清歷朝實錄〉詳盡，甚至其中很多重要史料而爲實錄所未載，在史料不足之時更顯得其對研究清史之重要價值。

故宮所藏軍機處檔案除以上幾種檔冊外，尚有類似今日之公文收發簿的隨手登記檔。軍機處值日章京要將硃批後交下之奏摺、題本、片單，及其所奉諭旨等逐日登錄。登錄時硃批全載、諭旨、奏

摺、題本及單片等則僅摘敘事由。故隨手登記檔爲清代諭摺之總目，也是軍機處檔案之索引，因其按年月排比，逐日登錄，查考舊事甚爲方便。在清史檔案散失不全之今日，隨手檔也不失爲一有價值之史料。就現存的隨手檔而言，乾隆、嘉慶兩朝係以春夏兩季合一冊，秋冬兩季合一冊，全年共二冊。道光中葉以後，中外交涉較繁，事故日多，而諭摺亦隨之增加，故春夏秋冬各季分裝一冊，全年共四冊。每年元月元旦，敬書「太平無事」四字於冊首端，即有奏摺也要俟初二日呈遞或辦理。道光咸豐以後，雖是元旦亦可呈遞奏章，故於其冊首端改書「吉祥有事」四字。

故宮所藏隨手登記檔，乾隆朝四冊，爲乾隆五十九至六十年的檔冊。嘉慶朝五十冊，嘉慶元年至廿五年的檔冊均全。道光朝十五冊，爲道光三年，十三年至十五年，及廿三年的檔冊。同治朝八十八冊，爲同治元年至九年，及十年至十三年的檔冊。光緒朝廿冊，爲光緒三年，卅年至卅二年，及卅四年的檔冊。

除以上軍機處的檔冊外，故宮尚藏有內閣的外紀檔。這是內閣的重要檔冊之一，爲漢票籤處記載內閣日行公事之記事簿。軍機處習稱內廷，內閣在內廷之外，其日行記事檔冊稱爲外紀簿，以別於內廷軍機處所抄錄的檔冊。外紀檔系將所奉諭旨及內外臣工所呈奏摺及單片逐日抄錄，間有未奉硃批者，按月分裝成冊。在宮中及軍機檔冊散失時，或可於外紀檔冊中查考補充，也是研究清史的原始史料。

故宮所藏外紀檔計嘉慶朝十八冊，道光朝一百六十二冊，咸豐朝八十一冊，同治朝九十二冊，光緒朝二百四十六冊❶。

---

❶ 莊吉發著〔本院典藏清代檔案目錄〕，分別介紹故宮所藏軍機處之月摺檔，上

四、清國史館及清史館檔案

清國史館肇始於太宗朝，天聰三年設立文館，命儒臣分直，繙譯漢字書籍，並記注滿洲政事。崇德元年更名內三院，即內弘文院，內秘書院，內國史院。乾隆廿五年設立國史館於東華門內，置總裁、提調、總纂、纂修、協修等官，皆以翰林院詞臣兼任之。其修國史之體例，一如前代之正史，有本紀、列傳、表、志等。當有清末季，已將清太祖迄穆宗十一朝的本紀修竣，其後更續修德宗本紀一百卅七卷。按清制，其內外一、二品大臣，國史館乃立傳，三品以下者則不立傳，惟其經特旨宣付，及其臣僚等列舉勳蹟奏請，得旨准許後，並交國史館立傳。今坊間印行的〈清史列傳〉八十冊，即是用清國史館的底本，為歷朝詞臣所纂修者。清代另設起居注館，有日講起居注官，由翰林院掌院學士，詹事府詹事坐充，餘則由翰林院侍講學士，詹事府少詹事以下簡充，更番撰記起居注❿。惟每帝崩殂，新君嗣位，則依前代例，設實錄館，以為記注之總匯，又別纂聖訓以垂後。故與國史館，起居注館同時並存者，尚有實錄館，纂修先朝實錄，事畢則撤館，而非常設之機構。故宮所藏長編檔，為清國史館長編處為編纂本紀、列傳，而彙抄各種史料而成之檔冊，內分長編總檔與長編總冊二類。總檔係移取宮中軍機處及內閣檔案分別摘取彙抄成編，總冊則為總檔之目錄，亦即人名索引，按日可稽查。

清國史館之檔案雖為纂修本紀、列傳、實錄及修清史時所採用，

諭及廷寄檔，隨手登記檔及外紀檔等檔冊　及其詳細目錄，〔故宮文獻〕二卷四期，及三卷一、二期。

❿　劉家駒著〔本院典藏清代檔案目錄〕，〔一〕起居注，〔故宮文獻〕二卷三期。

因其係彙抄原始史料，故仍有採取價值，可補宮中、軍機及內閣檔案之缺失，也是研究清史很有價值的原始史料。更難得的，國史館長編檔冊，自乾隆元年至光緒十一年，中間缺的檔冊甚少，是故宮運台文獻檔案中最全的一部分。故宮所藏清國史館長編檔冊，計乾隆朝二百廿三冊，嘉慶朝五百七十七冊，道光朝一千一百四十七冊，咸豐朝四百零九冊，同治朝三百七十三冊，光緒朝五百八十三冊，總共三千三百十二冊。

民國三年開清史館，以趙爾巽爲館長，下設總纂、纂修、協修等，先後百數十人，任總纂者爲柯鳳孫、王樹枬、吳廷燮、繆荃孫等。他們議定用明史體例而略加變通，先排史目，凡本紀、志、表、列傳等，其取材則以實錄爲主，亦利用清國史館所彙抄保存之許多史料。至民國十六年始成書，計本紀廿五卷，志一百四十二卷，表五十三卷，列傳三百十六卷，共五百卅六卷，又目錄五卷。時值北伐，北京政府動搖，爲防散失，故有人力主付印。乃倣王鴻緒明史稿之前例，命名爲《清史稿》，以示未成書之意。翌年，《清史稿》刊成，因體例不合，謬誤百出，故宮博物院於民國十八年正式呈文行政院：以修《清史稿》諸人，多遜清遺臣，眷戀前朝，內清室而外民國。命意既差，義例遂失；且總閱乏人，各自任意秉筆，遂有繁簡失當，前後參差之弊。又書成之後，未遑審訂，倉卒付梓，改刪既專擅，校刻遂錯亂等現象。眞是「乖謬百出，開千古未有之奇」。列舉《清史稿》反革命，反民國等十九項謬誤。請將《清史稿》永遠封存，禁其發行。

《清史稿》之應禁與否，學界卻見仁見智，並非盡同於故宮博物院，尤其史學界，咸以爲《清史稿》縱有謬誤，仍不失爲記述清

代史實之鉅著，力主「正其謬誤」後，「再予付印」。行政院乃於民國廿三年聘請專人負責檢校《清史稿》。迨抗戰軍興，政府未暇及此，其事遂寢，《清史稿》不解禁而自解禁。坊間各種版本之《清史稿》乃先後問世。

民國四十八年，國防研究院見於政治戰，文化戰之重要，乃禮聘海內外博學鴻儒，「以《清史稿》為藍本，廣採時賢之議論，鳩集眾長，妥慎修訂，正其謬誤，補其缺憾，名為《清史》，以續歷代正史。」但其後倉促成書，「姑無論是正遺礙，補充資料，即圈點校，亦難無誤。」故其「錯誤未盡改正，材料未盡補充，內容與凡例，間有牴觸，此無庸諱言」之事實。

民國四十三年，第一屆國民大會第二次會議時，有代表一百卅八人，提請政府恢復國史館組織，從速編纂《清史》，連同《廿五史》，定為《廿六史》。

民國四十六年，國史館在台復館，但由於國史館之職掌，組織，環境及經費之限制，與昔日典藏史料，蕩然無存，故對纂修《清史》事宜，未能即行著手。因就國史館所藏文獻檔案等史料而言，重修清史固無可能，即校註《清史稿》，仍嫌不足。國史館遂於民國六十七年與國立故宮博物院簽訂合作計畫，由故宮協助完成其《清史稿》校註的工作。故宮乃利用其所藏清國史館歷朝國史原稿及傳包，與清史館纂修《清史稿》之紀，志，表，傳原稿及其他原始史料，採「不動原文，以稿校稿，以卷校卷」辦法，校正《清史稿》中誤、倒、衍、脫之處❸。而「歧誤紕謬，或同音異譯，皆逐條考訂，並

---

❸　劉家駒著〔清史稿列傳之校註〕，頁五。

註明出處。先後六年，共校訂得四萬餘條，其後國史館又校出二萬餘條，總共校訂得六萬餘條⓮。至民國七十五年，國史館以活字排印，精裝成十五鉅冊的《清史稿校註》得以問世。

故宮所藏清國史館傳包，列傳稿本及清史館纂修《清史稿》的原稿均保存許多原始史料，尤其是傳包逾三千五百餘包，其中的傳稿冊、履歷片、履歷清冊、出身清冊、事蹟、事略清冊、事功清冊、行狀、奏稿、訃聞、哀啓、年譜、祭文、誌文等，甚多爲史館所搜集之私家撰述資料，「當不乏世所未傳，罕爲人知的傳記資料」，實爲研究清史的學者所當參考⓯。

五、檔案之整理與分類

故宮所藏宮中檔及軍機處錄副檔雖已全部整理完竣，但如何能使學者在卅四萬餘件檔案中，迅速而確實的找到其所需的史料，分類索引之編製實屬必要。首先說明故宮整理檔案之方法與步驟。由於故宮運台文獻檔案包裝之特殊，第一步即打開木箱清理所有檔案，將每件檔案按其朝代年月日順序整理就緒，並將每件檔案加以一個統一編號。第二步工作即將已編號之檔案依其朝代年月日，提奏人姓名及其官職，並將其檔案內容摘要製成卡片。第三步工作即將已編目之檔案卡片，按其性質內容與提奏人姓名加以分類，編成分類索引與人名索引卡片。第四步工作，將以編目之卡片，按其朝代年月日之順序，還原存放，以便利學者按時間之先後，查考史實及其

⓮ 〔清史稿校註〕第一冊二頁。

⓯ 〔清代文獻傳包傳稿人名索引〕後記六八八頁。

所需要之史料。是爲以時間爲經，史實與人物爲緯編年體式的分類
索引。

　　人名索引總卡，是按提奏人姓名筆畫順序編成，將其提奏人所
有檔案之編號記錄於其上。是爲以人物爲經，時間與史實爲緯的分
類索引。以人物爲中心，研究一代政治制度之因襲，政治之得失，
與經濟社會等方面演變的學人，只要一查人名索引卡，就可知道其
中是否有其需要的人物史料。

　　分類索引總卡，是以檔案之性質內容分成若干類，將同類性質
之檔案編號記錄於其上。是爲以史實爲經，時間與人物爲緯的分類
索引。僅就已整理編目完成的宮中檔而言，按其檔案之性質內容分
成八十六類。其分類之原則，則是盡量避免籠統與瑣細。因籠統是
嫌分類太少，而瑣細則嫌分類太多，二者皆無助於史實的分類。例
如總督、巡撫等請旨、傳旨，條陳及其巡察地方之見聞報告，如有
關學校科試者歸入學政類；關於錢糧收支動存及其交代，追賠奏銷
等事，歸入錢糧類；關於地方雨雪，收支及糧價等事，歸入雨雪糧
價類，如此類推。又由於故宮所藏文獻檔案性質之特殊，故其史實
之分類自成系統，各分類之解釋說明特別重要。如經籍類，即包括
修書，徵書，皇帝賞賜大臣書籍，地方藏書，獻書、禁書、燬書等
事，甚至講解經籍之經筵日講與文字獄等事，也歸入此類中。故其
史實之分類，雖略有「望文生義」之嫌，但因其故宮文獻檔案性質
之特殊，及避免分類過少或過多之弊，只有加強其分類之說明與解
釋以爲彌補。總之，史實之分類，是將檔案之性質內容相同者歸於
一類，想利用檔案的學人，才能一目瞭然，得到其所需要的史料。
嚴格的講，每一類就是一個或數個研究專題，合起來即可從而研究

有清一代政治、經濟、社會及文化等方面的問題而瞭解其史實眞相。茲
將分類及其說明解釋介紹於后,以供學人參考,俾便其從故宮所藏
文獻檔案中迅速取得所需史料。

(1)銓選:有關議敘官秩,選才授官與奏請簡發等事。

(2)遷調:有關官吏黜陟,獎懲、加銜、開復及調補等事。

(3)封蔭:有關因子孫功勳而得封誥,或因先世勳績而得官償
　　等事。

(4)考課:有關考察官吏之勤惰,與小計大計等事。

(5)荐舉:有關推荐,保舉官吏等事。

(6)捐納:有關捐錢糧買官爵,贖罪,及賑災或修建工程等事。此
　　等事尤以咸豐朝爲多。

(7)察核:有關察明官吏之居官及彈劾其過失等事。

(8)假休:有關官吏之事假、病假、休致、死亡等事。

(9)私務:有關官吏本人或他人個人私務等事。

(10)條陳:有關官吏條陳二件以上性質不同之意見與建議等事。

(11)吏制:有關地方吏制、吏治及政令改革等事。光緒朝新政
　　事即歸入此類。

(12)律例:有關法令,及民刑法之律例等事。

(13)刑案:有關審訊罪犯案件等事。

(14)盜叛:有關盜賊叛逆之剿捕,緝拿與審報等事。咸豐朝拳
　　匪,捻匪事即併入此類。

(15)發配:有關因罪發配邊疆充軍效力等事。

(16)獄政:有關獄政之管理等事,如審訊逃獄本屬刑案類,但

由審訊逃獄犯口供中可窺見監獄之管理及其弊端等事，故仍屬獄政類。

(17)鴉片：有關鴉片之栽種、販賣、吸食、查禁及因鴉片而引起之戰爭等事。

(18)貪瀆：有關官吏之貪污，瀆職及其審訊飭禁懲處與其相關法令等事。但如察明參劾官吏之失職等事，則屬察劾類。

(19)戶政：有關戶口、戶政之編查與奏報等事。

(20)錢糧：有關錢糧收支動存及其交代追賠奏銷等事。而光緒朝股票事則歸於此類。

(21)庫存：有關庫存銀錢之保管與奏報等事。

(22)倉貯：有關倉庫儲存糧米買補動撥及其運送等事。

(23)鹽茶絲：有關鹽茶絲之政令，及其產銷運送等事。

(24)稅關：有關務稅務之征收與報解等事，光緒朝以關稅充餉及籌借銀兩等事亦屬此類。

(25)蠲緩：有關災歉或恩典蠲免，緩徵地方錢糧等事。

(26)耗羨：有關火耗、餘羨、公費及特項銀兩收支動存奏銷等事，而變估衙署等銀兩事亦屬此類。

(27)俸餉：有關俸餉預支發放追賠等事。

(28)養廉：有關賞賜及奏報動存分配養廉銀兩事。

(29)丁賦：有關田賦丁役賦稅錢糧等事。

(30)卹賞：有關為國捐軀或因公傷亡官兵，以金錢等賞給遺族等事。

(31)農林：有關農業地政及林業採運木植等事。

(32)漁牧：有關漁業畜牧等事。

(33)礦務：有關金銀銅鐵等礦務事項。

(34)運京銅船：有關運京銅船及其沿途奏報到境等事。

(35)商務：有關商務貿易等事。

(36)災賑：有關地方水旱蟲災等及其賑濟等事。

(37)屯墾：有關墾荒屯田等事。

(38)驛傳：有關驛站、鐵路之興建及其傳遞等事。

(39)漕糧：有關漕糧及其運輸等事。

(40)海運：有關沿海運輸等事。

(41)船政：有關船隻之建造及其事務之管理等事。

(42)郵電：有關郵政電信等事。

(43)營繕：有關土木及其工程之營造事業。

(44)水利：有關水利灌溉及河湖池塘堰挑挖防堵等事。

(45)河工：有關黃河運河挑挖堵築工程及其法令等事。

(46)工藝：有關工藝美術機械等器物之製造等事。

(47)織造：有關江寧、蘇州等織造及其相關之事務。

(48)錢法：有關銀錢鼓鑄及其比價法令等事，而有關地方當舖，銀
　　號等事亦屬此類。

(49)軍事：有關軍政，軍令及軍隊駐防等事。

(50)旗務：有關滿洲，蒙古及漢軍八旗等事。

(51)綠營：有關綠營等事。

(52)水師：有關水師及海軍等事。

(53)軍情：有關軍兵之調動征伐及其情報等事。

(54)新軍：有關訓練新軍改用洋鎗洋砲等事。

(55)巡閱：有關總督、巡撫、提督及總兵巡閱地方營伍等事。

⑸團練：有關地方保甲團練等事。

⑸軍需：有關軍需糧草及軍械馬匹徵購提調等事。

⑸營務：有關軍兵營務等事。

⑸防務：有關海防、邊防及駐防等事務之籌辦，與查禁私運物品出洋等事。

⑽洋務：有關與西洋各國一切交涉及商務等事。

⑹界務：有關與鄰國之國界交涉及府州縣疆界之劃分等事。

⑹洋教：有關天主教、基督教之傳教及其與地方交涉等事。

⑹宗室：有關皇室宗人府等事，而太監之逃亡，捕獲與審訊等事，亦屬此類。

⑹釋道：有關佛教與道教等事。

⑹教亂：有關藉迷信，或宗教煽惑愚民作亂等事。

⑹地方事務：有關區域的地方事務，如採禁人蔘、釀酒、賭博、放債、驗疫、及田地買賣等事，甚至光緒朝地方設警察事亦併入此類。

⑹雨雪糧價：有關地方雨雪，收成及糧價等事。

⑹祥瑞：有關地方祥瑞奏報等事。

⑹蒙藏：有關蒙古，西藏地方性事務。

⑺苗傜：有關苗傜等少數民族等事務。

⑺番務：有關台灣生番，熟番等少數民族等事務。

⑺藩務：有關外藩屬國朝賀，進貢及其交涉等事。

⑺回亂：有關回族一切糾紛等事。

⑺土司事務：有關改土歸流及其土司等事務。

⑺學政：有關學校、教育、考試及與儒學相關等事。

(76)祀典：有關祭祀典禮等事。

(77)呈賜：有關以土產進呈皇帝，或皇帝賞賜臣下物件等事。

(78)繳批：有關硃批、諭旨、及聖訓等之呈繳與傳遞等事。

(79)請安：有關恭請皇帝、皇太后及皇后聖安等事。

(80)陛見：有關地方官員上卸任請求陛見，及州縣等官由吏部
帶領引見事。

(81)謝恩：有關僅爲感戴皇恩等事。但如爲升遷調補而謝恩則
歸遷調類，其爲皇帝賞賜物品而謝恩則歸呈賜類。

(82)旌表：有關忠孝節義及特立獨行之人，建坊頒給區額或以
其他方式以資表揚等事。

(83)經籍：有關修書、徵書、藏書、獻書、焚燬書與皇帝賞賜
大臣書等事，及講解經籍之經筵日講與文字獄均屬此類。

(84)巡幸：有關皇帝巡幸地方等事。

(85)禮制：有關禮制及禮儀等事。

(86)祝賀：有關元旦，壽辰及其他皇室慶典祝賀等事，但如爲
軍情捷報祝賀，則歸入事情類。

六、結　語

　　故宮運台的文獻檔案雖不齊全，但如以宮中，軍機處及清國史
館與清史館的文獻檔冊相互查考，再利用中央研究院史語所所藏內
閣大庫的檔案，則有關清一代的檔案史料，所缺就不多了。這些原
始檔案，實爲研究清史，重修清史最有價值的第一手史料。

　　至故宮保藏管理檔案的方法，更是費盡心思。先預製一批布面

的紙盒，將已整理完竣的檔案，按其編號及年月日順序，分別裝於
紙盒中。並於紙盒側面註明其中所存檔之編號及其年月，然後將存
有檔案的紙盒依其編號及年月日順序分別上架保管。每一紙盒中分
別貯藏二百餘件奏摺，其中更放入樟腦及乾燥劑以防檔案之霉爛或
蟲蛀。此為一便於貯藏及查考提件兩全其美的典藏檔案的方法，值
得為典藏文獻檔案的學術機構所借鏡與參考。想利用故宮所藏文獻
檔案的學人，只有一查故宮檔案摘要編年卡，人名索引卡及分類索
引卡，抄出其所需要的檔案編號，故宮就能在二、三分鐘很短的時
間內，提出原始檔案供其研究。總之故宮博物院向持學術自由，史
料公開的原則，其檔案文獻之整理與典藏，亦為便利學人的研究，
歡迎中外學者專家儘量利用故宮已整理完竣的檔案。

評　論

吳　哲　夫

　　很榮幸受邀參加本次的研討會，但對擔任劉教授的專題講評人，感到十分的不安。

　　劉教授不僅是知名的清史學者，對傳統的清代文獻史料，甚所熟諳，且曾長久與我在故宮博物院（以下簡稱故博）共事。劉教授特別用功，在故博期間即主司清代文獻檔案的管理與整理，於故博近四十萬件清代檔冊，如數家珍，而又直接參與整理分類工作的擘劃與執行，整理過程與分類法則，更是巨細盡詳，劉教授本次的撰述專題，等於是當年工作的紀實，極具權威性與參考價值，忝爲講評者，自然倍感壓力與難安。

　　故博運台之清宮檔件，雖然與故宮原藏之比率不高，但史料面泛及有清一朝的許多人、事、物，且不乏罕覯原件，頗爲學界珍視。是批檔案文獻除實錄、起居注等纂有成書，尙堪檢閱外，其他如諭旨、奏摺等等皆爲散帙零篇，如不加以整理，搜討甚是困難。故博因加逐件編號摘由，分類編目，以方便學林取用，發揮其文獻功能。劉教授因始終參與這些整理的工作，所以這篇「故宮文獻檔案之整理與分類」非僅止於「認識深刻」、「切實具體」而已。劉教授以暢順的筆勢，有條理的將各項類文獻檔案作簡明周全的報導，對於有心利用者，確爲一大福音。

　　故博所藏有關清代文獻檔案，內容相當龐雜，除劉教授文篇中

所述及的宮中檔、軍機處檔、史館檔等外，雜檔尚多。又故博成立
當年，劃歸文獻館與圖書館典藏的藏品區分，體例並不很嚴謹，以
致圖書館（今日故博圖書文獻處典藏科）藏品中，亦有不少珍貴之
清代文獻史料，例如大清國史未完稿、皇清奏議兩項，即有數千百
冊，劉教授之文，或因限於篇幅及體例，未曾述及，個人因此建議
如欲利用故博清代文獻，於參考劉教授此文之外，如再佐以故博所
編之「清代文獻檔案總目」及「故宮善本舊籍總目」兩書，必將更
能整體掌握，不遺不漏。至於故宮對清代文獻檔案的整理，目前已
進入到轉化成電子文獻的階段，不久將來，即可直接在網路上查尋
利用。

臺灣史研究及其文獻資料

曹 永 和
中研院社科所研究員

一

近年來，臺灣史的研究日受重視，研究風氣之盛，漸有成爲一門顯學之勢。這雖然是受這幾年來臺灣的政治、社會、經濟變化的影響，但無疑也表示臺灣史研究本身具有學術意義和價值，其重要性也漸爲學術界所肯定。但過去研究臺灣人士嫌少，眞正具有嚴謹的學術價值的研究成果也不算多，所以臺灣史學的建立，即期待這一代大家的獻身與開拓研究。在此提出一些對臺灣史研究的看法，並略介有關文獻資料的利用，以供參考，並就教於大家。

二

歷史是由「人、時間、空間」三個因素互動，交織形成的。既然是臺灣史，其空間的主體當然是臺灣，而以此空間作爲歷史舞台的人却相當複雜。臺灣是一個海島，以一個島嶼來說，島面積的大小，島嶼內部的自然環境與資源，影響該島的特性，但更重要是無論政治面、經濟面或其他各方面都深受島外世界的情勢、潮流的互動影響，也即臺灣是在與整個島外世界的政治、經濟、文化交往融

合中形成的。

　臺灣是一個海島。處在東亞大陸外緣，北自庫頁島有一連串南
北向的弧形列島，南接東南亞的海洋諸島嶼。東南亞諸島南邊，以
爪哇爲中心有東西向相連的島嶼。其西端蘇門達臘島即與馬來半島
以馬六甲海峽相向，成爲南海往印度洋的出口。這些南北向和東西
向島鏈中，在西太平洋與東亞大陸邊緣形成了幾個內海。臺灣是屬
於這島嶼世界中，位於南北向諸列島的中間，與大陸極爲接近，分
隔了東海及南海，爲東北亞和東南亞的交叉點，其地理位置至爲優
越。

　史前時代臺灣就已有幾個不同的階段與島外世界互動的往來，
形成南島語族的文化圈及其擴散地。十六世紀以來，重商主義的世
界性競爭糾葛中，臺灣即浮顯於此歷史舞臺，成爲倭寇海盜的巢穴，後
爲荷蘭、西班牙所割據，作爲其營運轉口貿易基地。同時荷蘭自福
建引進移民來臺灣，以稻作和蔗作爲兩大作物，奠基商品農業的發
展。米糖遂成爲臺灣生產的兩大出口商品。荷蘭在臺灣轉口貿易的
經營和東亞海上貿易的演變，造成了海商鄭氏的興起。明清鼎革戰
爭的結果，致使鄭氏王國驅逐荷蘭轉移到臺灣，其結果是清廷爲消
滅鄭氏而攻略臺灣。清廷收臺灣爲其版圖後，閩粵移民大量違犯禁
令，偷渡來臺。農業開發進展，南島語族文化逐漸爲漢文化所滲
透，南島語族遂淪爲弱勢族群。

　以英國爲先發，列強相繼工業革命後，在世界各地引起擴張和
角逐。其勢力伸展到東南亞時，臺灣由於其所處海島的位置，也引
起列強的覬覦，最後淪爲後發的帝國主義國家日本的殖民地。到了
二十世紀，由於先發和後發帝國主義國家間的爭霸，遂引起二次世

界大戰，其結果後發帝國主義國家日本、德國、意大利戰敗，日本喪失其殖民地。原本在日清戰爭中割讓予日本的臺灣及其附屬島嶼，亦因日本宣布放棄殖民地支配權利而歸中華民國管轄。其後，島嶼內部的社會經濟發展，再度深受大陸政權的牽動。

戰後國際社會成為政治體制對抗的冷戰時代。臺灣又因其海島的地位，深受國共戰爭和複雜的世界冷戰的影響。儘管冷戰時代結束，邁向二十一世紀的現在，世界成為一地球村，臺灣由於其海島的位置在國際政治力學上具有關鍵地位，受到重視。如此，從政治面來說，海島臺灣是不能超脫島外世界的國際情勢潮流。

從經濟面來說，臺灣經濟是海島經濟，基本上是出口導向的。依時代之推移，市場和商品都有變遷，島內經濟構造也隨之調整。

臺灣自荷蘭時代奠基商品農業以來，米糖一直為兩大宗出口商品，米糖的出口迄至戰後。十九世紀的七十年代，茶、樟腦成為代表臺灣的國際商品。日本時代尚有鳳梨罐頭、香蕉、木材等成為商品，日本也成為主要依附的市場。到了一九三〇年代，臺灣為配合日本的南進政策，開始推動臺灣的工業化，後進入戰時統制經濟，一向蓬勃發展的臺灣出口貿易，在戰爭末期逐漸萎縮。戰後初期，台灣市場自日本重回中國經濟圈，卻因國共內戰、猛烈的通貨膨脹和社會經濟混亂之影響而陷於黑暗時期。隨之國民政府進入臺灣，與中國經濟圈切斷，臺灣的米糖不再輸往中國大陸而重回日本市場，與香蕉等有賺取外匯能力。因世界冷戰體制下獲得美援，又戰後世局的變化，跨國公司來臺投資，臺灣中小企業成長，民間新興產業興起，臺灣的出口導向的工業化進展，出口商品結構不斷地改善，出口市場也不斷地擴張，自日本擴大到美國、香港以及世界各地。如

此臺灣經濟發展是自米糖出口以來，轉移到紡織品直到現在的電子產品，一直是出口導向的海島經濟。

對臺灣史研究，已有許多有關史觀的論述，因之也有許多研究途徑。我於一九九〇年曾經提出「臺灣島史」的概念，作為研究臺灣史的一途徑。因為臺灣是一個海島，地理上應屬於島嶼世界，所以從海洋的觀點來看臺灣史的演變也應可採取的一個研究途徑。

如上所述，臺灣雖為一個海島，但因地理位置優越，自古以來即為東亞地域族群移動的重要通道。十六世紀地理大發現後，更涉入了世界性的競爭中，島嶼的主權亦因之與周邊國家間有幾度的分合。多元的族群關係與頻繁的政權交替，形塑了臺灣史複雜的有機內涵。然而，從過往的研究成果看來，這兩個形塑臺灣史特質的要素同時也限制了研究者的研究視野。前者導致了漢人中心主義偏狹的族群觀；後者使臺灣的社會經濟史研究缺乏一致的連慣性。以下，就此兩部份提供初淺意見，以供參考。

首先，漢人中心主義方面。臺灣史研究中，以漢族為中心的研究論述，歷所多見，特別是表現「漢人開發史」的研究課題上。這樣的研究史觀值得檢討乃是因為，「漢人開發史」設定了一個偏狹的假設前題是：臺灣在漢人移入開墾的同時才帶入文化，因而臺灣只有「四百年史」，臺灣的族群文化中只有原住民「漢化」的問題。當然，這樣的研究視野並不純然是研究者的問題。事實上漢人掌握了文字，長期以來犬量留存了以漢人觀點寫成的史料亦是原因之一。不過，這樣的研究顯然悖逆了臺灣歷史上多族群共同存在的歷史事實。更嚴重的是催化了族群彼此間的衝突。因此，如何擺脫漢人中心主義，以多元的族群視野，來豐富、拓展臺灣史的研究內函，無

疑是相當重要的。

第二,社會經濟史的延續性。統治臺灣之政權,雖然替換頻繁,並連帶牽動社會經濟的變遷。但是社會本身的連續性,不會因為政權轉換而立刻處於斷裂的姿態。因此,考察臺灣的社會經濟課題時,應該注意的是在表面的政權轉換交替下,社會本身的連結(articulation)過程,而非單純地視之斷裂性的。

三

第二次世界大戰後,歷史研究無論方法、觀念、視野等均有巨大轉變,人類生活廣泛多元的活動都值得研究。因為時代的轉變,有新的觀念看法就不同,研究課題、方法和資料也變為多樣多元。歷史研究除了新資料的不斷發掘而更新外,對原有資料也可以由新角度來重新分析檢討。資料也不限於文字資料,還有其他遺物、圖像、口傳、地理景觀等經其他學科領域適當處理斟酌也是重要的歷史研究資料,而經過研究處理,過去的非文字資料也會文字化,成為以後的文字資料。

文明有高低,但文化價值觀沒有優劣高低之分別。白人的種族優越感沙文主義受到批判,並在努力克服民族和種族的侷限性。對事實判斷與價值判斷的混淆,文明對野蠻、純正對異端等偏見獲得糾正。這一點歷史學頗受人類學的影響。例如近年來的重構非洲歷史,重新檢討哥倫布發現美洲的功過,印地安人的歷史的重新定位等都是在克服白人沙文主義的歐洲中心歷史觀。亞洲史也一樣,臺灣史也一樣,我們也應當超越過去的漢人中華沙文主義。臺灣史不是一部臺灣漢人四百年史。以前統治者是主人,現在人民才是頭家。如

此觀念，歷史解釋也變，資料處理也變。

　　臺灣除了原住民、漢人以外，尚有荷蘭人、西班牙人、日本人也曾經統治過臺灣，其他英國、法國、美國等國也與臺灣發生關係交涉。因此有關臺灣的文獻有各種語文，頗爲豐富。臺灣文獻資料大致可分爲官方檔案、私人文書和其餘文獻資料。臺灣大學歷史學系於一九九〇年曾獲得蔣經國基金會的資助，結合海內外學者的力量，對臺灣、荷蘭、美國、日本公藏的有關臺灣史檔案予以搜集整理並編製目錄。計劃所編目錄已付印，此當對臺灣史研究者有所幫助。一九九三年臺大也曾舉辦過「臺灣史料國際學術研討會」，其論文集已出版。吳三連臺灣史料基金會也舉辦過一系列臺灣史料評析講座，其紀錄也已出版，這些都可以參考。

　　荷蘭時代的基本資料，戰前已有村上直次郎自巴達維亞城日記將有關臺灣、日本資料翻譯爲日文，戰後中村孝志校注，其中文翻譯已由臺灣省文獻委員會刊行。荷蘭東印度總督每年寄給荷蘭本國的報告書中有關臺灣部份已由程紹剛（一九九五年十二月獲得萊頓大學的博士學位）自荷蘭檔案中整理出來並附中文翻譯，現在聯經出版公司準備出版中。自一九七二年以來在荷蘭有熱蘭遮城日記的出版計劃。自一九八六年到現在已出版過三冊，剩下第四冊大概這一兩年內就可出版，那麼現在所留存臺灣的熱蘭遮城日記就全部可問世。另外由順益臺灣原住民博物館資助，對荷蘭時代有關原住民資料將以荷英對照出版，現在第一冊的原稿大致完成。

　　關於西班牙時代的檔案，西籍臺大客座教授J．E．Borao獲國科會資助，搜集有關檔案大致完成，不久將來也以西英對照出版．有關鄭氏時代的英國東印度公司檔案，在大英圖書館與臺大合作之

下，已於一九九五年出版。

中央研究院史語所明清檔案中有關臺灣檔案已以《明清史料》戌編出版，也散見於甲至丁編中。臺灣銀行經濟研究室也經整理收錄於《臺灣文獻集刊》中。故宮博物院的檔案資料，另有莊吉發、劉家駒二位介紹，在此從略。聯經出版公司也曾將這些有關臺灣檔案整理，作為《臺灣研究資料彙編》第一輯（順治元年至乾隆三十年為止），一九九三年出版四十冊。臺灣大學自一九九五年以來開始出版淡新檔案，已出版四冊。

至於十九世紀以來的歐美有關臺灣檔案，除了臺灣大學以外，也是中央研究院臺灣史研究所籌備處的重點蒐集計劃之一。我們可期待於將來。

日本時代臺灣總督府檔案，現在臺灣省文獻委員會與日本中京大學合作計劃之下，目錄編製和出版中。省文獻會也將總督府檔案部份中文翻譯出版若干冊。至於日本方面有關臺灣檔案，吳密察教授將有介紹，從略。

至於官方檔案以外，臺灣也有很豐富私人文書資料。早在日本時代臨時臺灣舊慣調查會和臨時臺灣土地調查局曾作過調查，其報告書收錄有很豐富的民間私人文書。其後於一九八一年由美國亞洲學會臺灣研究小組發起，王世慶等輯《臺灣公私藏古文書影本》是以各種類私人文書為主的檔案文書彙篇。中央研究院史語所以及中央圖書館台灣分館各收藏一套。希望史語所能設法出版，嘉惠研究者。中央研究院臺灣史研究所籌備處自其前身臺灣史田野研究室以來也繼續致力於蒐集地方文書，已出版過竹塹社有關資料二冊。近年來，如臺北縣、宜蘭縣、臺中縣等縣的各縣市文化中心也致力於

地方文書的蒐集，也有已出版。

　　以上是官方檔案和民間私人文書的大概。至於有關其他臺灣文獻，值得一提的是臺灣銀行經濟研究室在周憲文主持下，自一九五七年至一九七二年經十五年的歲月中，遭遇許多困難，陸續出版一套《臺灣文獻叢刊》三〇九種，五九五冊，自明季起至日本時代（主要爲清朝）中文資料。舉凡明清實錄、方志、奏議、旅臺筆記、檔案等收集刊行，對研究者提供很大方便。其餘頗有大量的文獻資料，只好利用文獻書目來檢索，主要有臺灣史田野研究室出版的資料叢刊，臺灣風物社出版張炎憲主編《臺灣史關係文獻書目》（一九八九）都可供作檢索之用。中央圖書館臺灣分館爲臺灣文獻資料的寶庫。臺灣分館所編印許多目錄，其中尤以：

　　　　《臺灣文獻資料目錄》
　　　　《西文臺灣資料目錄》
　　　　《日文臺灣資料目錄》（1980）
　　　　《臺灣文獻資料聯合目錄初稿》
　　　　《館藏臺灣文獻期刊論文索引》
　　　　《臺灣文獻書目解題》

等類更能提供研究者檢索之方便。另外《臺灣風物》和吳三連臺灣史料基金會出版的《臺灣史料研究》每期均能提供活動報導和出版消息，可以提供較新消息供研究者參考。

評　論

張炎憲

　　主持人、在座的各位先進、各位小姐、各位先生。剛剛曹永和
教授報告他今天所寫的論文。曹教授是台灣史研究的大前輩，著作
非常豐富，有相當多研究成果。所以我今日來作他的評論實在不敢
當，只能說閱讀他的作品之後提出我個人的觀感、補充，做為是互
相討論的基礎而已。首先，這篇論文雖然頁數不多，但所包含的問
題卻相當地多。大致上，他分成兩部分來描寫，第一部分是台灣史
研究的一個觀點的提出，另一部分介紹目前已出版、或即將匯集出
版的重要台灣史料。

　　曹教授從事台灣史研究已經有五十多年，曾在台灣大學圖書館
工作，對台大方面的資料相當熟悉。工作之餘，撰寫許多重要的著
作。他剛剛說過受過日本學者岩生成一的教導，始從事荷蘭時代台
灣史的研究。他將這些論文匯集出版《台灣早期歷史》的專著，由
聯經出版社出版。這本書收入曹教授重要著作，但還有一些很重要
的著作尚未收入。他對熱蘭遮城荷蘭檔案館的文獻資料，已經陸續
編纂出三冊，最近第四冊也要出版了。最近，他在外國發表過一篇
論文，是關於台灣在環西太平洋地區的歷史地位。這篇論文詮釋台
灣位在東北亞與東南亞之間，處於島弧地形的中間位置，是海洋性
相當突顯的地方，這使得台灣自有歷史記載以來就跟海外各地發生
密切關連，所以台灣商品就輸往全世界各國而形成一個以經貿為主

的國家、社會。這個論述不僅陳述到十七世紀，也論述十九世紀以後台灣資本主義發展，以及台灣地區經貿發展所突顯的海洋性格和經貿性格。我認為那篇論文相當重要，原先用日文發表，後來改以中文發表在《台灣風物》。除了這些文章以外，他也寫過相當多有關明代海外發展和經貿關係的論文。曹教授論文大致可分為台灣島內發展的研究，以及台灣向海外發展的研究；或者說研究十七世紀以來，荷蘭東印度公司來到印尼以後，形成東亞貿易圈，台灣在其中所佔之地位；或者說整個海權擴張時代，台灣在世界史上的地位。除此之外，也研究中國在明代以後整個海外發展的問題。這些大概是曹教授所關注的主題。據此我門可以了解到他今天所寫的論文是根據這些過去的研究成果寫成的。我們不要認為這薄薄六頁就好像交代不清楚，其實交代很清楚，因為參照他過去所寫的論著，我們可以得到很多的補充跟論證。因此這篇文章不只六頁而已，所呈現的應該是曹教授四、五十年來研究成果的展現。首先他談到台灣史應該怎麼看，他提出「台灣島史」的觀念。「台灣島史」的觀念刊登於1990年台灣史田野研究室所出版的《台灣史田野研究通訊》。從前，研究台灣史大多以台灣附屬於中國的角度來研究。但基於人、時間、空間的特性，以台灣島做為空間界定，可以敘述或研究台灣歷史的發展。曹教授基於此構想，提出「台灣島史」的觀念，以島嶼上人類的生生不息做為思考對象，試圖建立台灣歷史。「台灣島史」這個觀點的提出，我想在台灣史學界，應是很重要的一個觀點，表示不要以統治者作為唯一的思考，應該以這塊土地上的人民為主要論述對象，並注意空間特色與時間洪流裡人類社會的變遷。

另外一方面，他介紹很多史料。曹教授介紹中央圖書館台灣分

館和台灣大學的出版情況，也提到故宮博物院、中央研究院史語所、王
世慶先生所編台灣古文書、台灣省文獻會所典藏台灣總督府檔案、
和台北縣、宜蘭縣等縣立文化中心所出版的書籍等。這些資料都是
近年來很重要的發現。曹教授更語重心長指出：近年來官方檔案雖
然一直在發掘、公佈、出版，但民間也繼續不斷發掘、出版。以前
我們依靠官方檔案來做研究，但官方檔案萬一被燒掉，或不能公開，就
不能研究歷史了。近幾年來，台灣民間力量促成民間社會出現許多
資料。這些史料的出現，我想會重新改寫台灣歷史。曹教授雖然只
是史料介紹，隱藏之用意即民間資料的出現將改變台灣歷史的詮釋。我
想這篇文章可以提供大家很好的討論空間。我作為後輩，今天實在
不敢來評論，只能提出這篇論文的架構以及曹教授四、五十年來研
究的成果及觀點，並在這個觀點上稍做補充。謝謝大家。

日本近代內閣檔案與「征台之役」史料

吳 密 察

台灣大學歷史系副教授

一、前 言

近數百年來的台灣，先後被不同的帝國所統治。因此，從事台灣歷史的研究，除了必須使用台灣島內的本地史料之外，統治台灣之帝國的資料也是重要的憑藉。

荷蘭東印度公司的檔案，在一九二〇年代台灣史成爲學院之研究課題的同時，便受到重視。大清帝國檔案的重要性，在大約二十年前，也已被研究者所肯定。但日本帝國的檔案，則一方面因爲日本殖民地時代台灣史研究的時日尚短，一方面則是因爲使用不易（原本藏於日本，國內並無複製本；而且也未有目錄可以查索），而幾乎未受到應有的重視。

日本帝國檔案，包括保存於國立公文書館的原太政官、內閣檔案之《太政類典》、《公文錄》、《公文類聚》、《公文雜纂》、《採餘公文》等，及保存於各別省廳的檔案，如外務省外交史料館保存的《外務省記錄》，和防衛廳防衛研究所之軍部檔案等。其中

又以國立公文書館的收藏數量最為龐大，本文即在介紹這個日本最重要之檔案館所保存之公文書，並舉例（「征台之役」）說明這些史料的內容。

一、日本近代內閣檔案

成立於昭和四十六年（1971）七月的國立公文書館，是目前日本具有國家檔案館性質的政府行政文書收藏機關，隸屬於總理府，主要保存的是日本中央政府的行政文書，包括原太政官・內閣・總理府的公文書及部份中央省廳的公文書和樞密院文書等。❶

國立公文書館所保存的日本政府近代文書，來自內閣、總理府及各省廳（外務省之外交文書及戰前之軍部文書，因性質特殊，即使在國立公文書館成立後，也未移藏國立公文書館）。這些來自不同機關的公文書，依尊重原秩序原則（principle of respect for original order），並未在彙集至國立公文書館後被分散重新統合。因此，仍保持依不同機關來源分別存在的樣態，而且也未改變原來各機關的分類・整理方式。其中，來自原內閣・總理府的公文書，分為十三類，其內容及涵蓋年代與數量分別為：❷

---

❶ 國立公文書館的成立是由一群歷史學者的提議，經歷長時期的運動，才設置並立法保障的。關於此公文書館設置運動的文獻頗多，主要可參考：大久保利謙〈總理府における國立公文書館設立計畫の由來と現況〉，收入《大久保利謙歷史著作集6　明治の思想と文化》（吉川弘文館，1988年）。至於國立公文書館的最簡要收藏情況，則可參閱〈所藏公文書の紹介〉，國立公文書館編刊《國立公文書館年報》創刊號（1972年）。

❷ 關於目前國立公文書館保存之公文書的簡要全面性介紹，參閱永桶由雄〈國立公文書館〉，收入《日本古文書學講座　第11卷・近代編III》（雄山閣，1979

第一類　公　文

公文錄：明治元年～明治十八年。4,102冊。[詳細說明，見后]

公文錄副本：3,242冊。

公文別錄：以省廳別、年次別或事件單位，編集當時重要機密事件、事項的記錄。明治元年～昭和二十二年。262冊。

公文雜纂：明治十九年～昭和二十年。3,082冊。[詳細說明，見后]

雜種公文：社寺、大中小藩等向太政官提出之願伺、屆書等。慶應四年～明治四年。282冊。

公文附屬之圖、表：公文書附屬之圖表及原應收錄於《公文錄》、《公文類聚》、《公文雜纂》但因形式大小複雜而另外編集之圖表。附屬圖297件、表147件，合計444件。圖、圖表分別依年代順序整理。

恩赦：本應編入《公文雜纂》的恩赦關係公文書，另以《公文雜纂恩赦》的形式，依年代編集。大正元年～昭和二十年。2,572冊。

第二類　巡幸錄

這是未收錄於《公文錄》「巡幸雜記」項目中之天皇地方巡幸記錄，依年代順序編集。明治九年～明治十四年。50冊。

年）、石渡隆之〈太政官・內閣文書〉，收入《日本古文書學講座　第9卷・近代編Ⅰ》（雄山閣，1979年）。

第三類　日　記

太政官及內閣所接收的各省廳編製之日記、日誌，如《大澤乘哲日記》（嘉永五年～文久二年）、《地方官會議日誌》（明治八年）、《鹿兒島征討日記》（明治十年）、《元老院日記》（明治八年～明治十八年）。嘉永五年～明治二十一年。475冊。

第四類　上書建白

政府受理的建白書及其相關公文書類，其中以明治五年～明治七年間集議院、左院所接受的建白書在質量上最佳。依年代順序編集。慶應四年～明治十三年。建白書1,709件，公文書類資料2,172件，合計3,881件。63冊。

第五類　職務進退

職務進退：官員之進退等雜件書類。其中，包含明治二十三年廢置之元老院奏任官及判任官以下官員之職務進退等雜件書類。慶應四年～明治二十三年。151冊。

諸官進退·官吏進退：官吏之任免、敘位、敘勳、辭令及相關書類。依年代順序、省廳別編集。明治四年～明治二十五年。293冊。

敘位裁可書：敘位制度（根據「敘位條例」[明治二十年制定]、「位階令」[大正十五年制定]）中的敘位裁可書及相關公文書。依年代、月日編集。明治二十六年～昭和二十年。2,244冊。

敘勳裁可書：依年代、月日編集的敘勳（制度於明治八年創設）

裁可書及相關書類。明治二十六年～昭和二十年。1,036冊。

任免裁可書：依年代、月日編集的任免（包括勤務命令）裁可書類。明治二十六年～昭和二十年。4,137冊。

職員錄：明治十九年以前中央官廳、地方廳，以各官廳為單位，仿德川時代的橫帳式武鑑編輯官員錄或職員錄。明治十九年以後，每年由內閣官報局統一編輯職員錄，登錄全國官廳之判任官以上（大正十二年十月以後，改為奏任官以上）職員之官職、位階、勳等、官等、俸給、氏名等。明治元年～昭和二十年。1,003冊。

第六類　公文類聚

太政類典：慶應三年～明治十四年。911冊。[詳細說明，見后]

公文類聚：明治十五年～昭和二十年。2,957冊。[詳細說明，見后]

公文類聚副本：2,384冊。

第七類　家　記

明治六年皇城火災，燒毀各種記錄文書。為了彌補這次火災的損害，明治六年九月十八日太政官透過宮內省、東京府、京都府、奈良縣，要求皇族、華族提出家藏之令達、稟請文書，供政府謄抄。這些皇族、華族提出之書類，即為家記。慶應三年～明治七年。484冊。

第八類　年報、報告

各省大臣每年一次向太政大臣或內閣總理大臣提出之預算決算報

告等文書。依省廳、種類、年代編集。明治元年～昭和十六年。582冊。

第九類　件名簿

內閣官房記錄課、內閣官房總務課登錄編次的內閣書記官各局部、各省廳來文之公文收文簿。明治十六年～昭和二十年。490冊。

第十類　單行書

單行書：依事件、種類、年代順序編集之資料。約350種，2,280冊。主要有：《大使書類》（明治元年～明治十二年）、《處蕃書類》（明治四年～明治七年）、《參事院內務部書類》（明治十二年～明治十八年）、《元老院關係書類》（明治六年～明治二十三年）、《太政官沿革志》（明治二十年）、《國勢院關係書類》（大正八年～大正十一年）等。

各種調查會·委員會書類：內閣所轄，或內閣總理大臣監督之各種調查會、委員會、審議會等的記錄書類。明治二十年～昭和十八年。55種，1,304冊。

各種裁可書：主要是各種戰役賞功裁可書類，及各種事變行賞裁可書類。例如，明治廿七·八年戰役、明治三七·八年戰役的賞功裁可書，及滿州事變、支那事變行賞裁可書。明治二十八年～昭和二十二年。2,986冊。

第十一類　記錄材料

太政官及內閣記錄局（課）用來從事編纂事務的材料。大致有二種：㈠與第十類《單行書》類似的資料；㈡太政官及內閣的內部課局、各省廳的課局，向太政官及內閣提出之報告書。文久三年～明治二十六年。約 480種，1,831冊。

第十二類　諸帳簿

太政官記錄局（課）保管的往復簿、回答綴、局決簿、日記簿、件名簿等。37種，130冊。主要的有：記錄局諸則沿革錄、西京行宮往復簿、各廳往復簿、元老院各課往復簿等。明治六年～明治三十三年。

第十三類　官　報

官報：日本自明治十六年七月起發刊官報，登載政府公布之法令，包括布告、布達、達、法律、勅令等，及報告。目前公文書館收藏之官報起自明治十六年七月止於昭和四十六年九月，合訂成1,139冊。

帝國議會議事錄：第一回帝國議會（明治二十三年十二月～明治二十四年三月）至第九二回帝國會議（昭和二十一年十二月～昭和二十二年三月）之貴眾兩院的議事速記錄。207冊。

帝國議會委員會議錄：帝國議會委員會之速記錄。258冊。

二、日本近代編纂記錄

明治政府成立之後，即重視政府記錄（records）。明治元年九月八日，明治政府成立；十一月二日，太政官的行政官當中便已設置記錄的編輯掛。但是，最初維新政府重視的是發行《太政官日誌》，將法令等各種施策讓人民知曉。接著則是重視建立文書處理手續。明治二年七月八日的「職員令」，便以大史及權大史擔任文書處理及施行的事務，以少史及權少史擔任記錄的事務。也就是說，在近代官僚制建立的同時，便也建立了官廳的文書處理制度。❸

但是，對政府記錄的保存與編纂制度，則要到明治四年十一月二十五日「始置雇員，從事繕寫」（《太政官沿革志》）。根據研究者指出，明治六年五月五日皇城火災，燒燬了維新以來太政官、宮內省的公文書類，並因此使政府意識到編纂記錄的必要性。❹例如，火災的三日後（即五月八日），太政官便向各省發出達，要求「漸次謄寫提出建省以來之達、願、伺、屆、往復書類及自舊官省接收簿冊中之相同事件」。❺從此之後，日本近代中央政府便持續地設有官僚專責的編纂記錄。明治六年的〈編纂處務順序〉❻規定了

---

❸ 三上昭美〈新政府の成立と公文書〉，收入飯倉晴武等編《日本古文書學講座第9卷·近代編Ⅰ》（雄山閣，1979年）。

❹ 中野目徹〈公文錄と太政類典〉，收入岩波書店編集部《日本近代思想大系別卷 近代史料解說·總目次·索引》（岩波書店，1992年），p.9。

❺ 〈皇城炎上記錄燒失二付御達願伺書謄寫可差出旨省府縣ヘノ達〉，明治六年五月《公文錄》各課之部（2A—9—公733）。

❻ 收入五味正賢編纂《記錄局諸則沿革錄》（2A—35-7—帳52*57）記錄課之部二。以下之引用，轉引自中野目徹前引文，p.9～10。

編纂記錄之兩大系列《公文錄》及《太政類典》的編纂要旨：

> [公文錄]：蒐錄各廳之申牒、奏請及垂問、照議、往復等文
> 書，加以區分編纂。凡該廳每有一奏議，則併其關涉之書類，自
> 發端至結局，逐次爲之番號，以便翻閱。
> [太政類典]：自太政官日記及日誌、諸公文，採擇典例條規，分
> 部門類纂。其體裁則提綱列目，以審察詳明政務之樞要與命
> 令之原由。大凡以太政官之布達爲綱、以其布達所由起之省
> 使等之奏議爲目。夫若朱書之指令，及諸屆等之類，撮其大
> 旨冠於其文之首以爲綱。總在有須照考証引時，得供偏舉其
> 照例事之便。

明治八年一月四日「政始」，上呈已經脫稿的明治四年至六年分的
《太政類典》供天皇閱覽，上表中對《太政類典》及《公文錄》有
簡明的說明：「採係典例格式者，分類編纂，題云太政類典。……
別輯官省府縣之申牒，編年纂次，題云公文錄。」也就是說，《公
文錄》係太政官之決裁原議，❼按年編次；《太政類典》則是謄寫
典例條規，分類編纂。

明治十二月三月十日，太政官中設置內閣書記官，記錄部改由
太政官書記官管轄，以前著重於編纂《太政類典》的方針，也逐漸
改成著重編纂《公文錄》。記錄編纂構想，在明治十四年有更重大
的改變。那便是決定《太政類典》的編纂，在明治十四年告一段落，

---

❼ 根據中野目徹之研究，經過起案·作成、接受並登錄之後才成爲公文書；這樣
的公文書經過決裁或供覽（即稟議制）而成爲原議。

自明治十五年起改名《公文類聚》。當年就任內閣權少書記官的小野正弘並建議應將記錄編纂事業的重點置於「政府記錄之重點」的《公文錄》。小野正弘對《公文錄》與《太政類典》也有相當精要的說明：

> 編纂書類中最浩瀚者爲《公文錄》。此書自官、省、院、使、廳、府、縣以至吏員之一切申稟、請求或勘查、構案等，苟由太政官授受之公文，無不悉皆收錄。其編次之法，爲以各官廳與吏員分目，以月爲之序。自三年庚午至昨十三年之分，無慮二千五百卷。明治政府十餘年間施政之梗概，大抵無不包括於此中。此可稱之爲政府記錄之基礎。然此書專以保存公文爲目的而論次者，搜索其類例，非繙閱數處，不能爲用。此必所以要有類聚法之編次，應知《太政類典》之用在此。《類典》之專自公文中採關係典章事例者，分制度、儀禮、兵刑、外交等各類，一類中又分小目，一法令一沿革，可通覽於一目數冊之中。慶應三年丁卯十月至明治四年七月爲第一編、四年八月至十年爲第二編、十一年、十二年分爲第三編；十三年已脫稿而淨抄未了。第一編猶在修正中。此外，猶撰有外編。本編、外編脫稿分合計六百十六冊，其未脫稿者無慮數百卷之多。即其卷數次於《公文錄》者。❽

於是，《太政類典》的編纂工作在明治十四年告一段落，明治十五

---

❽ 小野正弘〈記錄課ノ處務二關スル建議案〉添付書類，收入前揭《記錄局諸則沿錄》記錄課之部四。轉引自中野目徹，前揭文，p.10～11。

年起改名《公文類聚》。

明治十八年，內閣制度成立，政府記錄的整理方式也有了重大的變革。自明治十九年起自昭和二十九年的68年間，以「類聚法」編綴法律、勅令等之原議，為《公文類聚（集）》，其性質有如在此之前的《公文錄》與《太政類典》的合併。另外，以上述原議之外的公文書，依各省的順序編纂，名為《公文雜纂》（自明治十九年至昭和二十五年，共64年分）。❾

從以上的說明，可以知道《太政類典》、《公文錄》、《公文類聚》、《公文雜纂》為日本內閣檔案的四大系統。其性質如果稍加說明，則如下：

太政類典：

這是太政官記錄課，從《太政官日記·日誌》、《公文錄》、《行在所日誌》、《鎮台日誌》、《東巡日誌》、《宮中日記》、《官符原案》、《憲法類編》、《辭令錄》、《皇族家記》、《東京城日誌》、《鎮將府日誌》、《江城日誌》、《日錄》、《布告全書》、《諸省布達全書》、《職官表》、《華族家記》等記錄中擷取典例條規加以抄錄，並分類編集而成，雖不是檔案的原件，但卻是明治初年政府最公式的編纂性記錄。起於慶應三年，止於明治十四年，共六編（第一～五編及雜編）911冊。即：

---

❾　中野目徹，前引文，p.11。

第一編（慶應三年十月～明治四年七月）　　222卷・222冊

第二編（明治四年八月～明治十年）　　　369卷・382冊

第三編（明治十一年～明治十二年）　　　100卷・101冊

第四編（明治十三年）　　　　　　　　　 70卷・ 70冊

第五編（明治十四年）　　　　　　　　　 50卷・ 50冊

雜　編（鹿兒島征討始末）　　　　　　　　　　 25冊

　　　（台灣征討始末）　　　　　　　　　　　 5冊

　　　（佐賀征討始末）　　　　　　　　　　　 4冊

　　　（熊本、秋月、萩暴動始末）　　　　　　 2冊

外　編（地方之部等）　　　　　　　　　　　　 50冊

　　　　合計　　　911冊

　　《太政類典》內容分六類十九門：第一類（制度、官制、官規）、
第二類（儀制、宮內、外國交際）、第三類（地方、保民、產業、運漕）、第
四類（兵制、學制、教法）、第五類（租稅、理財）、第六類（民法、訴訟、
刑律、治罪）。門之下分目（共一百一十七目）。❿

公文錄：

　　上述的《太政類典》是謄錄公文之典例條約規章，再加以分類

---

❿　關於太政類典最基礎的全面性說明，除前揭永桶由雄〈國立公文書館〉、石渡
　　隆之〈太政官・內閣文書〉外，可參閱石渡隆之〈太政類典の構成──利用者
　　のための手引──〉，《北の丸──國立公文書館報》第三號（1974年）。另
　　外，國立公文書館已刊印《太政類典目錄》上、中、下三冊，可供查索。

編集的編纂物，《公文錄》則是太政官所收錄的各省廳之稟請、上申、進達等一切的公文書，爲明治初期政府記錄的基幹。這些政府記錄依各省廳、年月編集，起於明治元年止於明治十八年，共有正本4,102冊（另外製作副本3,242冊）**⑪**。

公文類聚：

明治十五年以後，《太政類典》改稱《公文類聚》，分類方式也大幅變更，編集時的採錄範圍也更形擴大，明治十八年之前最頻繁採錄者爲《公文錄》，但以後則及於《辭令錄》（內閣書記局內記課所管）、《官報》、《日錄》（內閣書記官局庶務課所管）、《布告布達全書》、《諸省達全書》、《各廳報告書》、《明治史要》、《統計年鑑》、《類聚法規》、《官令沿革表》等。

《公文類聚》的分類，有先後兩種：自明治十八年至明治二十四年爲止的部分分爲二十六門（政體、官職、儀制、族爵、宮廷、賞恤、文書、外交、兵制、財政、租税、學制、衛生、警察、運輸、土地、社寺、民業、民法、詞訟、刑法、治罪、內事、外事、寇警、征討）；明治二十四年以後的分類改爲十七門（皇室、政綱、官職、儀典、族爵、外事、財政、軍事、產業、交通、地理、警察、社寺、賞恤、衛生、願訴、司法），各門之下再加分目。

雖說《公文類聚》乃承襲《太政類典》的編集精神而來，但值得注意的是：《太政類典》係謄抄可稱爲檔案原件的《公文錄》而

---

⑪ 關於公文錄最基礎的全面性說明，除前揭永桶由雄〈國立公文書館〉、石渡隆之〈太政官・內閣文書〉外，可參閱石渡隆之〈公文錄の一覽〉，《北の丸——國立公文書館報》第九號（1977年）。另外，國立公文書館亦已編印《公文錄目錄》全七冊，可供查索。

成，但《公文類聚》除了明治十五至十八年部份仍是謄抄檔案而成之外，自明治十九年起便是直接收錄公文原件，而且明定收錄的基準爲內閣所授受的下述三方面之公文：㈠法律規則。㈡法律規則之說明書。㈢根據法律之精神施行處分之事項。

《公文類聚》涵蓋的年代，起於明治十五年，止於昭和二十年，共2,957冊。另外，謄寫的副本有2,384冊。**⑫**

公文雜纂：

明治十九年起不再編纂《公文錄》的同時，內閣所收發的法律、規則原文書直接彙編成《公文類聚》，但除此之外的公文書，如依照例規所施行的事項、臨時施行之事項的記錄，則依各省廳、年代，彙編成《公文雜纂》。《公文雜纂》的涵蓋年代，起於明治十九年，終於昭和二十年，共有 3,082冊。**⑬**

---

⑫ 關於公文類聚最基礎的全面性說明，除前揭永桶由雄〈國立公文書館〉、石渡隆之〈太政官・內閣文書〉外，可參閱石渡隆之〈公文類聚の構成──利用者のための手引──〉，《北の丸──國立公文書館報》第四號（1975年）、〈公文類聚の門目〉，《北の丸──國立公文書館報》第五號（1975年），另外，國立公文書館正在逐年編印《公文類聚目錄》；如前文所述，最近中野目徹文章中謂《公文類聚》編纂至昭和二十九年。

⑬ 關於公文雜纂最基礎的全面性說明，除前揭永桶由雄〈國立公文書館〉、石渡隆之〈太政官・內閣文書〉外，可參閱石渡隆之〈公文雜纂のかたち〉，《北の丸──國立公文書館報》第一一號（1979年）。另外，如前文所述，最近中野目徹文章中謂《公文雜纂》編纂至昭和二十五年。

三、「征台之役」相關史料

從上述對國立公文書館保存的原太政官、內閣、總理府公文書的說明，可以知道有關台灣殖民地時代的檔案，將會出現於《公文類聚》與《公文雜纂》中，而不可能出現於《太政類典》與《公文錄》之中。但是，由於日本在明治七年也曾有「征台之役」，使得吾人也不能只注意明治二十八年以後，也必須翻查在此之前的公文書。翻查的結果，竟是出人意表的，明治七年「征台之役」的史料，不論在質、在量上，竟比明治二十八年以後五十年間包含於《公文類聚》、《公文雜纂》的台灣關係史料，毫不遜色。

關於明治七年「征台之役」的記錄史料，首先便必須舉《太政類典》雜編的《台灣征討始末》五冊（2A—9—太851~855）。這五冊關於「征台之役」的《太政類典》分別為：

第一冊　兵隊并官員蕃地ヘ差遣（明治7~8年）

第二冊　事務局廢置（明治7~9年）

第三冊　外國舩雇入并航海（明治7~9年）

第四冊　出兵願、獻納、賞典

第五冊　布告諭達（明治7~8年）

由於《太政類典》乃是在編輯「典例條規」，因此《太政類典》中的這些「征台之役」史料，雖然具有日本政府公文書的性質，但卻多是法規，而且可能為了節省謄抄的人力，「出兵願、獻納、賞典」的部分，也僅止於最低限度，而採將原議編入《公文錄》等的形式處理，因此，《公文錄》中另有《征清從軍願名簿》、《征清軍資獻

納簿》、《佐賀台灣兩役賞典錄》。另外，在《外國舩雇入幷航海》的卷首，則註明：「英美公使異議之件，因事出倉卒，少經通例之順序申呈正院，詳細悉載於《處蕃提要》，故此僅編入經通則受入之一二」。不但說明了當時的政治過程，而且提供了吾人往《處蕃提要》追索相關公文書的線索。

上文所引《太政類典》、《外國舩雇入幷航海》卷首提到的《處蕃提要》是被收入《單行書》中的編纂記錄。記錄編纂機關對於公文書數量龐大的事件或主題，往往以事件、主題爲單位將相關公文書彙編成冊爲《單行書》。「征台之役」的公文書由於數量龐大，也被單獨彙編成冊編入《單行書》類中，名爲《處蕃書類》。目前被分類於《單行書》中的《處蕃書類》計有：

①處蕃書類　フヲルモサレコルド　橫文
　　（2A—33-6—單533～541）9冊

②處蕃書類　フヲルモサレコルド　原稿
　　（2A—33-6—單542～543）2冊

③處蕃書類　橫文紀錄類目錄　（2A—33-6—單544）1冊

④處蕃書類　勃氏趣意書　（2A—33-6—單545～546）2冊

⑤處蕃書類　ヒール、ブスケ兩氏見込書
　　（2A—33-7—單547）1冊

⑥處蕃書類　蒸汽船兵庫丸書類　橫文
　　（2A—33-7—單548）1冊

⑦處蕃書類　李仙得台灣紀行　橫文
　　（2A—33-7—單549～559）11冊

⑧處蕃書類　李仙得台灣紀行　譯本

（2A─33-7─單560～571）11冊❹

⑨處蕃書類　李氏書翰〔明治7年〕　橫文

（2A─33-7─單572）1冊

⑩處蕃書類　ワツソン復命書　橫文　（2A─33-7─單573）1冊

⑪處蕃書類　ワツソン復命書　譯本　（2A─33-7─單574）0冊❺

⑫處蕃書類　ブスケ和戰論　橫文　（2A─33-7─單575）1冊

⑬處蕃書類　汽船要領〔明治8年〕

（2A─33-7─單576～577）2冊

⑭處蕃書類　公法類纂〔明治3～7年〕

（2A─33-7─單578～582）5冊

⑮處蕃書類　台灣蕃地草木略記〔明治7年〕

（2A─33-7─單583）1冊

⑯處蕃書類　戰死病歿名簿　（2A─33-7─單584）1冊

⑰處蕃書類　戰死病歿石誌表〔明治7年〕

（2A─33-7─單585）1冊

⑱處蕃書類　追錄〔明治8年〕　（2A─33-7─單586～594）9冊

⑲處蕃書類　處蕃始末〔明治4～8年〕

（2A─33-7─單595～706）112冊

⑳處蕃書類　處蕃始末附錄〔明治7～8年〕

（2A─33-7─單707～731）25冊

---

❹　其中第十二冊，即2A─33-7─單571欠卷，故實僅11冊。

❺　欠卷。

㉑處蕃書類　處蕃始末拾遺　（2A—33-7—單732～735）4冊

㉒處蕃書類　處蕃始末總目錄（2A—33-7—單736～737）2冊

㉓處蕃書類　處蕃類纂內篇總目　前函〔明治7～8年〕

　　（2A—33-7—單738～739）2冊

㉔處蕃書類　處蕃類纂（2A—33-7—單740～767）28冊

㉕處蕃書類　處蕃類纂內篇總目　後函〔明治7～8年〕

　　（2A—33-7—單768～769）2冊

㉖處蕃書類　處蕃類纂（2A—33-7—單770）

　　（2A—33-8—單771～796）27冊

㉗處蕃書類　處蕃類纂拾遺　（2A—33-8—單797～799）3冊

㉘處蕃書類　處蕃類纂外編總目〔明治5～8年〕

　　（2A—33-8—單800）1冊

㉙處蕃書類　處蕃類纂　（2A—33-8—單801～838）38冊

㉚處蕃書類　處蕃提要〔明治7年〕

　　（2A—33-8—單839～852）14冊

㉛處蕃書類　蕃地事務局諸表類纂〔明治7年〕

　　（2A—33-8—單853）1冊

㉜處蕃書類　總目錄副本　（2A—33-8—單854～861）8冊

　　《處蕃書類》數量之龐大，由此可見一斑（上文列舉之32種，共327冊，目錄便有1,060頁）。其中，最重要者為《處蕃始末》及《處蕃類纂》。《處蕃始末》包括正文、附錄、拾遺、總目，共143冊。此係將「征台之役」的相關文書，以編年方式彙編記錄。《處蕃類纂》，則以公文書之形式分類彙編記錄（內編分類為：詔勒并伺達、支局往復、官署往復、電報、汽船買收、從軍願、軍資獻納、會計、會計出納件、建白ノ件、雜件；

外編分類爲：處分事由件、外國官署交涉件、外國人關係件、西鄉都督征台件、柳原公使駐劄件、辦理大臣使淸件），包括正文、拾遺、總目，共101冊。《處蕃提要》則如題名所示，是「征台之役」的簡要公文書之膽抄彙編，共14冊。《處蕃始末》、《處蕃類纂》體係性地彙編了「征台之役」的必備基礎史料。《處蕃提要》則是瞭解「征台之役」經緯的簡要公文書節略彙編。因此，一九二〇年代台灣總督府展開修史事業時❶，便赴東京抄回了《處蕃提要》十四冊，及部分的《處分類纂》。目前這兩部抄自內閣記錄課的「征台之役」基本史料彙編，仍藏於國家圖書館台灣分館（索書號分別爲2741-36，及0741- 209）。台灣總督府雖然全抄了《處蕃提要》，但《處蕃類纂》卻只抄寫了十冊，分別是：

第1～4冊	外國人關係
第5、6冊	外國官署交涉
第7、8冊	西鄉都督往復
第9冊	柳原公使往復
第10冊	處分事由

　　從上文列舉的《處蕃書類》的各種單行書題名及簡單的說明，已不難看出利用這些編纂記錄，將可以重建「征台之役」的詳細經緯和其政治過程。除此之外，由於這些編纂記錄的數量龐大，包含

---

❶　台灣總督府之修史事業，可參考拙文〈台灣總督府修史事業與台灣分館館藏〉，收入國立中央圖書館台灣分館編印《館藏與台灣史研究論文發表研討會彙編》（1994年）、檜山幸夫〈解說〉，收入台灣史料研究會校訂《台灣史料綱文》（中京大學社會科學研究所，1989年）。

範圍甚廣，使得它還可以被利用來配合其他史料，對延伸的主題進
行研究。例如，廣爲人知的在「征台之役」中扮演重要角色的李仙
德（Charles W. LeGender）❼，以往大致只能利用被收錄於外務
省編《日本外交文書》第七卷〈台灣生蕃招撫一件〉中的少數幾篇
「覺書」，但《處蕃書類》中不但有彙編成冊的李仙德第9～32號
「覺書」（2A—33-6—單533），而且有李仙德撰寫的《台灣紀行》（原
文在2A—33-6—單549~559；譯文在2A—33-6—單572），和李仙德書信的彙輯
《李氏書翰》（2A—33-6—單572）。當然，除了這些特別彙編者之外，
李仙德的相關資料還散在《處蕃書類》的其他各處。

　　《處蕃始末》附錄（2A—33-7—單707～731，共25冊）自第二冊至第
二十五冊爲抄錄事件前後日本國內外新聞論評的彙輯，分別爲：

　　處蕃始末附錄之二　　新聞類　內國新聞抄錄
　　　　　　　　　　　東京日日新聞一　〔明治7年4～7月〕
　　　　　　　　　　　　　　　　　（2A—33-7—單708）

　　處蕃始末附錄之三　　新聞類　內國新聞抄錄
　　　　　　　　　　　東京日日新聞二　〔明治7年8～9月〕
　　　　　　　　　　　　　　　　　（2A—33-7—單709）

　　處蕃始末附錄之四　　新聞類　內國新聞抄錄

---

❼　李仙德在「征台之役」中的重要角色，戰前便有庄司萬太郎〈明治七年「征台
　　之役に於けるル・ジャンドル將軍の活躍〉，《台北帝國大學文政學部史學科
　　研究年報》第二輯（1935年）正面探討，最近也有小林隆夫〈台灣事件と琉球
　　處分——ルジャンドルの役割再考〉(1)・(2)，《政治經濟史學》第340、341號
　　（1994年）的研究。

　　　　　　　東京日日新聞三　〔明治7年10～12月〕

　　　　　　　　　　　　　　　　（2A—33-7—單710）

處蕃始末附錄之五　新聞類　內國新聞抄錄

　　　　　　　日新眞事誌一　〔明治7年4～9月〕

　　　　　　　　　　　　　　　　（2A—33-7—單711）

處蕃始末附錄之六　新聞類　內國新聞抄錄

　　　　　　　日新眞事誌二　〔明治7年10～12月〕

　　　　　　　　　　　　　　　　（2A—33-7—單712）

處蕃始末附錄之七　新聞類　內國新聞抄錄

　　　　　　　朝野新聞一　〔明治7年4～10月〕

　　　　　　　　　　　　　　　　（2A—33-7—單713）

處蕃始末附錄之八　新聞類　內國新聞抄錄

　　　　　　　朝野新聞二　〔明治7年10～12月〕

　　　　　　　　　　　　　　　　（2A—33-7—單714）

處蕃始末附錄之九　新聞類　內國新聞抄錄

　　　　　　　報知新聞　〔明治7年4～12月〕

　　　　　　　　　　　　　　　　（2A—33-7—單715）

處蕃始末附錄之十　新聞類　內國新聞抄錄

　新聞雜紙〔明治7年4～12月〕、普通新聞〔明治7年8～12月〕

　　　　　　　　　　　　　　　　（2A—33-7—單716）

處蕃始末附錄之十一　新聞類　內國新聞抄錄

　　橫濱新聞〔明治7年3～12月〕、長崎新聞〔明治8年3月〕

　　　　　　　　　　　　　　　　（2A—33-7—單717）

處蕃始末附錄之十二　洋新聞

洋新聞抄譯ジヤパンヘラルト新聞一　〔明治7年4～10月〕

（2A—33-7—單718）

處蕃始末附錄之十三　洋新聞　洋新聞抄譯

ジヤパンヘラルト新聞二　〔明治7年11～8年5月〕

（2A—33-7—單719）

處蕃始末附錄之十四　洋新聞　洋新聞抄譯

ジヤパンガセット新聞　〔明治7年3月～8年3月〕

（2A—33-7—單720）

處蕃始末附錄之十五　洋新聞　洋新聞抄譯

東京ジヨナル新聞　〔明治7年7月～8年2月〕

ウークリーメール新聞　〔明治7年4月～8年3月〕

（2A—33-7—單721）

處蕃始末附錄之十六　洋新聞　洋新聞抄譯

橫濱エコジユヂヤッポン新聞　〔明治7年9月～8年5月〕

（2A—33-7—單722）

處蕃始末附錄之十七　洋新聞　洋新聞抄譯

長崎西字新聞〔明治7年5～12月〕、北支那日日新聞〔明治
7年11月〕、上海西字新聞〔明治7年5～12月〕、香港西字
新聞〔明治7年12月～8年4月〕、英華新聞〔明治7年10月～
8年4月〕、倫敦新聞〔明治7年8～11月〕巴里新聞

（2A—33-7—單723）

處蕃始末附錄之十八　洋新聞　洋新聞抄譯

五州新報　〔明治8年1月〕

（2A— 33-7—單724）

處蕃始末附錄之十九　　洋新聞　洋新聞抄譯
　　　　　　　　　　西字諸新聞合錄一　〔明治7年4～10月〕
　　　　　　　　　　　　　　（2A—33-7—單725）

處蕃始末附錄之二十　　洋新聞　洋新聞抄譯
　　　　　　　　　　西字諸新聞合錄二　〔明治7年10～8月3月〕
　　　　　　　　　　　　　　（2A—33-7—單726）

處蕃始末附錄之二一　　洋新聞　洋新聞抄譯
　　　　　　　　　　西字諸新聞　書名闕　〔明治7年7月～8年4月〕
　　　　　　　　　　　　　　（2A—33-7—單727）

處蕃始末附錄之二二　　漢新聞　漢新聞抄譯一
　　　　　　　　　　　　申報一　〔明治7年4～11月〕
　　　　　　　　　　　　　　（2A—33-7—單728）

處蕃始末附錄之二三　　漢新聞　漢新聞抄譯二
　　　　　　　　　　　　申報二　〔明治7年12～8年3月〕
　　　　　　　　　　　　　　（2A —33-7—單729）

處蕃始末附錄之二四　　漢新聞　漢新聞抄譯三
　　　　　　　　　　　　彙報　〔明治7年11月～8年3月〕
申報彙報合錄〔明治7年11月〕（2A—33-7—單 729）
處蕃始末附錄之二五　　漢新聞　漢新聞抄譯四
　　　　匯報〔明治7年8月～明治13年6月〕、香港新聞〔明治7年8
　　　　月〕、教會新聞香港新聞合錄〔明治7年8月〕諸新聞書名闕
　　　　〔明治7年10月～8年5月〕
　　　　　　　　　　　　　　（2A—33-7—單731）

可見，當時明治政府是多麼地重視海內外輿論的動向。

　　明治政府在決定征台與否，甚至在西鄉從道之征台軍既已出發之後，仍然積極收集海內外（尤其是海外）之輿論、意見的情形，尚可從目前保存於內閣文庫中的《譯稿集成》得到印証。明治政府於明治五年十月四日，設置太政官翻譯局，其業務爲翻譯外國人寫給本國政府要人之書簡、外國法制，並且抄譯外國新聞有關記事，供爲政府決策參考。這些太政官翻譯局的翻譯成果被彙編爲《譯稿集成》，目前保存於內閣文庫。《譯稿集成》（請求番號：186—144）謄清者有73冊，分爲三編：

　　　第一編（明治五～六年）六卷，第1～7冊
　　　第二編（明治七年）三十四卷，第8～42冊
　　　第三編（明治八年）三〇卷，第43～73冊

其中，明治七年的第二編固然大部分都與「征台之役」有關，即使明治八年的第三編，也有甚多「征台之役」的關係資料。這些《譯稿集成》的內容，包括英美各國領使人員、外國顧問、傭雇人員的來函・意見書、外國（包括中國）新聞的抄譯等。⑱《處蕃始末》附錄中的國內外新聞抄錄（譯）和《譯稿集成》所提供的資訊，應該是明治政府領導人從事政策決定時的重要參考。如今，這些新聞資

---

⑱　國立公文書館已經製作《譯稿集成》的細目，可供檢索。國立公文書館編《內閣文庫未刊史料細目下》（國立公文書館內閣文庫，昭和53年）。最近，《譯稿集成》與《翻譯集成》（明治8～14年）、《翻譯類纂》（明治15年4～12月）也已合編出版，題爲《明治政府翻譯草稿類纂》（ゆまに書房，昭和62年）。

料也提供吾人研究當時輿論的重要參考。近年，琉球大學西里喜行教授對於「征台之役」、「琉球處分」前後的研究相當積極，也對這時期的輿論資料進行有計劃的收集❶，可以互相補充。

　　與新聞輿論類似的是「上書建白」。明治維新時「五條誓文」之一即宣示：「萬機決於公論」。國民的意見也是爲政的官吏有司所應傾聽的。原內閣公文書中便有「上書建白」一類。《處蕃始末》也有數篇「建白書」❷。色川大吉、我部政男教授曾彙編《明治建白書集成》（筑摩書房，繼續出版中）。透過這些「建白書」也可以瞭解明治初年，日本國內存在著各種問題，不但政府領導者對於是否應與清國絕裂、出兵台灣有不同的看法，即使一般國民也有各種不同的主張，這些不同的主張各自反應了日本內政的某一些側面，與當時日本人的中國・台灣觀。❷

　　如所周知的，李仙得慫恿日本政府出兵台灣的重要理據是謂台灣島之東部並不屬清國版圖。因此，做爲展示統治領域的地圖，便成爲一種重要的證據。依《處蕃類纂》可以知道李仙得曾向日本政府提出台灣南部圖❷。目前此圖被另外分類，保存於《公文附屬之圖・表》，圖上李仙得特別標誌出一八六九年他來台與瑯橋原住民

<hr>

❶　西里喜行〈台灣事件（1871～1874）と清國ジャナリズム（資料篇1～4）〉，《琉球大學教育學部紀要　第一部・第二部》第33～36號（1988～1990年）。

❷　收入《處蕃始末》附錄之一「職外建言并節約方法」（2A—33-7—單707）。

❷　筆者曾分析這些「建白書」。參考拙文〈「建白書」所見的「征台之役（1874）」〉，收入拙著《台灣近代史研究》（稻鄉出版社，1991年）。

❷　《處蕃類纂》卷之七《外國人關係件二》（2A—33-8—單807）、〈李仙得台灣南部ノ圖二題スル記文〉。

首領卓杞篤締約的地點❷。

　　《公文附屬之圖・表》中另外保存一張〈台灣清國屬地圖〉（2A—30-9—附276）。此圖有註：「此圖係余向台灣鎮台、總督張其光借其所藏之最精詳者，私下描繪。故分兵之事居其半，然未知其現實行與否？路程則為府縣諸衙門新查定者，因描繪之，其謬應較少。惜圖以昔之測量法，任筆畫之，各地之位置，應大有失其所者，宜對照洋人所著台灣全圖始得領得之。」此圖由於已與原始公文書分離，無法確實指認描圖者為何人，但從明治六年八月及明治七年三月兩度來台偵察的樺山資紀的日記，卻不難推測到一些可能性。明治六年八月二十六日，樺山資紀與城島謙藏偵察淡水的記錄有：「赴兵營訊問規則等事。据云為了長其光之考試每年有一、兩次練兵，屯在兵千人，攜帶妻子。大砲朽損。」十一月中旬在台南、打狗地方也有偵察防衛設施的記載，其偵察結果是：「比淡水之古砲腐朽更甚，府內設備有兵房居所。銃器劣於生蕃所攜帶者。兵之徽章在胸前表示海防營等，服裝與內地無異。張其光強兵之名，全無實力。」❷明治七年三月，樺山資紀再度來台偵察，曾在訪問打狗英國領事館時向英國領事「借生蕃地之地圖，令James謄抄」。❷從這些線索來看，此幅借抄自清國駐台將領張其光，目前保存於國立公文書館《公文附屬之圖・表》中的〈台灣清國屬地圖〉，有可能是樺山資紀來台偵察時所抄繪的，此圖可能是目前可見「征台之

❷　關於一八六九年李仙得與卓杞篤締約，可參考黃嘉謨《美國與台灣》（中央研究院近代史研究所，1966年），p.234～235。

❷　藤崎濟之助《台灣史と樺山大將》（國史刊行會，昭和元年），p.298。

❷　同上，p.305。

役」前夕最詳密地標誌著台灣島內防戌佈置的地圖。

以上介紹了國立公文書館保存之內閣編纂記錄中有關「征台之役」的史料，並舉若干史料對其性質及內容進一步做了說明，確定這批數量龐大的編纂記錄不但可以細部地重建「征台之役」的經緯，而且可以從各種角度對「征台之役」做專題研究。但它只不過是明治政府的內閣（太政官）資料。類似「征台之役」這種外征事件，當然必須再配合外交史料及軍部史料❷。另外，這些日本政府的史料也當然必須與清國的檔案、資料相互比對。甚至，美國與英國等第三國的檔案也有值得注意的側面。❷

最後還必須特別指出的是，這些日本政府的編纂記錄並不是公文書之原本，而是經過謄抄編纂的史料，在謄抄編纂的過程中，已經經過選別。諸多公文書已在選別的過程中被捨棄。除此之外，這些經過謄抄的編纂記錄，是否將原公文書中可能存在的添削，如實的保留，也是值得注意的問題。因此，還必須以私文書及其他私人回憶錄或著述來多少彌補其中的不足。❷

---

❷ 關於外交史料與軍部史料，將另文介紹。

❷ 清國方面的史料，國人知之甚稀，在此從略。目前以美國之檔案對此問題進行研究的有黃嘉謨，前揭《美國與台灣》，石井孝〈日本軍台灣侵攻をめぐる國際情勢〉，收入氏著《明治初期の日本と東アジア》（有鄰堂，昭和57年）

❷ 「征台之役」相關的私文書，數量也極爲龐大，當另文介紹，暫時可參閱拙文〈日本近代私文書與台灣近代史研究〉，收入張炎憲等編《台灣史與台灣史料（二）》（吳三連台灣史料基金會，1995年）。

評　論

蔡錦堂

　　主席、論文發表人、各位女士、先生。吳密察教授是日本文書
史料大家東京大學伊藤隆教授的弟子，所以就如同他剛才所講的他
在日本的幾年當中花了相當多的時間去學習怎樣看日本的文書，還
有怎樣去整理資料。他今天所發表的論文是有關藏在日本國立公文
書館裡面的所謂內閣檔案，然後藉著這個內閣檔案資料來看征台之
役的這個研究。我自己以前在日本的時候，也是有幾次到國立公文
書館去利用這些資料過。也曾經進入到它好不容易、一般不公開的
書庫裡面去接觸它的史料。不過基本上我是直接找史料，而不是像
吳教授這樣子直接從其檔案、目錄著手；所以今天對於吳教授這篇
論文是不是足夠資格來評論，我自己覺得很惶恐。看了他這個論文
之後，我覺得我只能對這樣的一篇論文提出一些補充、或者一些小
意見而已。基本上我們也知道吳教授可以說在目前台灣史學界裡面
有關日本統治時期的日方檔案可以說是最清楚的。底下是我一些簡
單的意見。

　　首先就是說吳教授在這一篇文章裡面，先介紹了國立公文書館
的內閣檔案，在第二節裡面他提出在內閣檔案裡有四個大的系統，
一個是「太政類典」，一個就是所謂的「公文錄」；再從太政類典
轉變成「公文類聚」；以及從公文錄轉變成「公文雜纂」這樣的一
個過程。確實這四個系統是國立公文書館所藏的內閣檔案裡面最重

要的部分，這個在論文裡的第二節我們大家都可以看得到。在他的
第三節裡面他是以日本所謂的征台之役，也就是我們大家所知道的
1874年牡丹社事件為例舉出內閣檔案中關於這個事情的龐大的資料。
剛才吳教授在發表的時候，花了比較多的時間在談這件事情。他將
征台之役的史料整理出來，我覺得這對以後針對征台之役做研究給
我們很大的幫忙。接下來我提出我個人的一些看法，首先就是說各
位最好不要只單獨看這篇文章。譬如說剛才吳教授談到私文書，私
文書可以說是與公文書對立的一個名詞。在有關私文書方面可能會
對剛才吳教授所提到的人的資料感到很陌生也說不定。或許各位可
以參考吳教授曾有作過一場演講，這場演講的講稿收在張炎憲教授
所編的《台灣史與台灣史料第二冊》裡面，這個演講的題目就是〈
日本近代私文書與台灣近代史研究〉。剛才吳教授所口頭發表的內
容大部分都是跟這個演講的內容有相關，倒是與我們今天所拿到的
論文資料有所差距。如果你看今天的這篇論文的話，你會發現跟他
剛才所講的好像對不上來的感覺。所以說，最好的一個情況是你看
這篇論文，順便去看那份有關私文書的演講稿的話會更清楚。其次
基本上我們要有一個了解就是有關日本統治台灣時期的資料，在台
灣方面，我們大家都知道在台灣省文獻會台灣總督府檔案，還有國
家圖書館台灣分館所藏的資料可以說是最豐富的，是全世界裡面最
豐富的資料。省文獻會也好或是台灣分館也好，它們都曾辦過有關
這一方面資料探討的研討會，也有論文介紹過這些史料，大家可以
一併參照來看的話會很清楚了解到日據時代這段時期有關日文資料
大概是怎樣的情形。那麼藏在日本方面有幾個地方，一個就是吳教
授現在這篇論文所談的國立公文書館，另外就是外務省外交史料館

跟國會圖書館憲政資料室。外務省的資料與國會圖書館的資料在
1993年台大所辦的台灣史國際學術研討會裡面已經有日本方面的學
者針對此提出論文報告，各位可以參酌閱讀。在日本方面除了這些
之外，東京大學與日本防衛廳防衛研究所也是兩大重要的資料所藏
地。吳教授在他的註裡已經寫出來說他再來要寫出介紹防衛研究所
的資料，這樣的話就會讓日本方面資料基本上能夠補齊，但是還缺
少一個就是東京大學，我們希望吳教授日後也能夠一併介紹。最後
他這篇文章裡面還有一些小問題，也就是論文裡面很多從日文直接
翻譯出來，故出現一些文字譯錯或看不太懂的。譬如說第七頁中出
現〈無慮兩千五百卷〉，「無慮」是日文，吳教授可能太匆忙沒有
譯出而直接寫出來，無慮是大約的意思。還有論文裡面的「原意」，第
七頁最後面註的地方有「原意」這兩個字，這個詞最好也是作中文
翻譯或是解釋；還有這篇論文實際上是兩篇論文併在一起的，我倒
是希望吳教授能把這兩篇論文分開來寫，內閣檔案就歸內閣檔案來
寫，有關牡丹社事件資料則另文介紹。內閣檔案裡面還有關於「採
餘公文」，這也是十分重要的；此外還有「返還文書」，跟戰爭期
間的文化統治、思想統治有非常大的關係。這些資料如果一併在內
閣檔案裡把它介紹出來，我想這篇論文會更完整。謝謝。

口述史料的採集及其價值

陳 三 井

中研院近史所研究員

一、前 言

　　所謂「口述歷史」(oral history)，套一句旅美史學家唐德剛先生的話，並不是個「新鮮的玩藝」，而是「我國歷史學裡的古老傳統」。十口相傳，即爲「古」，可惜這個了不起的「口述」傳統，後來我國的史學界卻沒有認眞的承繼。

　　在西方，口述歷史也與歷史一樣的古老。人類在未發明文字以前，已經在地球上不知生存了若干世紀了，其間發生過多少驚心動魄的事件或者多少神秘美妙的事件，往往在人們口中輾轉的流傳著；一旦文字發明了，又遇到像希羅多德(Herodotus)一般善於敘述故事的史學家，於是便被記述下來，而變爲遠古時代的重要史料或即成爲古史的一部分。再如希臘著名的荷馬史詩，即先經口傳數世紀之後，始有文字記載的流傳。

　　口述歷史的應用，今天已成爲世界性、普受重視的一種專業化工作。它的定義是什麼？究竟它的史料價值如何？從事訪問者需具備那些條件？事前需做那些週全的準備？爲獲致成功的訪問，需具

備那些技巧？避開那些禁忌？每一行都有它的行規，這些看起來雖然都是一些「卑之無甚高論」的普通常識，但卻是從事工作者不能不講求的看家本領。

二、口述歷史的定義

嚴格來說，「口述歷史」只是一種搜集史料的方法和技巧，有人把它看成「雕蟲小技」，甚至視為「旁門左道」。雖然美國哥倫比亞大學每年秋季已開講「口述歷史」的課程，講授其方法與理論，但目前還談不上是一門可以單獨成立而有系統的學問。不管如何，這是一個舶來的新名詞。談到這個時髦的新名詞，不能不一提美國口述歷史的靈魂人物，美國哥倫比亞大學口述歷史的創辦人——芮文斯(Allan Nevins)教授。他曾經說過：「口述歷史，係透過慎重訪談，能抓住私人思想、個人願望以及因太忙致無法撰寫個人紀錄之領導人物之生活。」作為一種定義，這並沒有說得很完整；事實上，也很難為「口述歷史」下一個「放諸四海而皆準」的定義。

美國口述歷史學會前會長唐諾・里齊（Donald A. Ritchie）則說：「口述歷史是以錄音訪談（interview）的方式蒐集口傳記憶以及具有歷史意義的個人觀點。」由此可見，口述訪談應以具有歷史意義的人物和材料為前提。

近代史研究所的「民國口述史訪問計劃大綱」曾特別指出，「凡與民國軍政、外交、文教、經濟、社會直接有關之重要人物，均在訪問之列」，旨在「保留一忠實而深入之紀錄，以供將來之研究。」這說明了口述歷史的宗旨和訪問對象。

可見，「口述歷史」，乃由從事工作人員訪問特定人物，紀錄並整理其一生經歷，例如依時序詳述其家世、教育、師友、生平經歷、思想事功，以及整理其問答紀錄，撰成初稿，送交當事人核閱校正後，再繕寫成定稿，以一份送交當事人收存。至於是否立即公開或出版，或俟當事人死後或若干年後方行公開出版，則悉聽當事人自行決定。

三、口述歷史的採集技巧

成功的訪問，需要技巧，否則會功敗垂成。技巧是從經驗的累積中得來的。史家從事口述歷史的訪問工作，就像新聞記者的採訪一樣，必須講究技巧，才能馬到成功，搜集到有價值的史料。

做為一個成功的訪問人，首先必須具備一些個性上的特質，例如：

(1)態度親切有禮，對任何事物表示興趣，對任何個人有適度的尊敬，並能適應與各種不同類型的人物接觸。

(2)對受訪者的觀點有表示瞭解的能力，並寄以同情之心。因為回憶對某些人士可能是件痛苦而傷感之事，主訪人必須以同情、關懷的胸襟從事工作，而非製造二度傷害。

(3)即使受訪者滔滔不絕的講一些與本題不相干的廢話，或一再重複相同而令人乏味的內容，也不能面露不耐煩或不屑的表情，更不得因此而提前結束訪問，憤恨離去。

總之，口述歷史是一種專業性，也是一件藝術性的工作，必須

用極大的耐心去從事。當然，一份成功的訪問，有賴訪問人與受訪
者雙方的通力合作，才有可能達成。其中繫於受訪者可居一半，繫
於訪問人者又居一半。受訪者部分屬於客觀環境，比較難以掌握，
有時只有碰運氣，甚至聽天由命，因為它牽涉到：

(1)受訪者必須記憶力好（無奈記憶力衰退，往往是老人的通病），
　　精神與體力也不能太差。

(2)受訪者工作不能太忙，太忙會使訪問進度一拖再延，或一曝
　　十寒。

(3)受訪者最好有點歷史細胞，否則會造成張冠李戴或時代錯誤。

(4)受訪者起碼要把訪問當一回事，事先對每次的談話內容稍作
　　準備。

(5)受訪者最重要而令人欣賞的是敢講實話、肯講真話。

(6)訪問時最好沒有第三者在場，或有外界的種種干擾(訪客、
　　電話、車聲、講話聲等)。

　　在主觀條件方面，比較容易掌握，也必須努力去實現。訪問人
最好能做到：

(1)事先充分準備，透過搜集資料，以卡片或電腦輸入方式，建
　　立受訪者的各項基本資料（包括出生年月、籍貫、學經歷、師友關係、
　　思想與重要著作等）。

(2)提問問題，要清晰，要簡明扼要，而且要前後呼應，並儘可
　　能採單刀直入的方式，用受訪者熟悉的語句字眼。

(3)訪問儘量安排在安靜的場所，一般以「走訪其家」，在受訪

者住處為宜，使其心理上較無壓力，也比較不受外界干擾。最好避免利用公共場所進行訪問。

(4)訪問不是對談(dialogue)，重要在於讓受訪人多談，訪問人最好多聽對方的傾訴，不輕易表示意見，不任意打斷話題或以不同的觀點駁斥，尤其明知講的不是真話，也不要當場與之辯論。總之，訪問人要遵守「五不」原則，即不多話，不插嘴，不強加自己的觀點，不反對或爭辯，不訪問完立即離開。

(5)不要忽略卡式錄音機、照像機、錄影機等新科技產品的使用，它除了有助於記錄的整理外，也可以為受訪者留下更生動、更真實的聲音和影像。

基於上述，談訪問技巧，說難不難，只要事前有充分的準備和計劃，臨事虛心，時時把握訪問者的分寸便行。

最麻煩的是事後整理訪問稿的工作。這並不是受訪人一邊講，訪問人一邊聽寫紀錄就行了。通常講話是凌亂沒有系統的，往往前後不連貫，甚至互有出入的。訪問人必須花費很大的力氣加以重組、歸納和編排，以去蕪存菁；遇有人名、地名、年代或事物方面的疑問，還必須翻閱各種工具書去查證補充，最後再做文字的整理和修飾工作，可見過程繁複，耗時費力，並不輕鬆！總之，從事口述歷史的訪問工作，根據筆者多年的經驗，真是一項精神壓力大，苦多於甘，不足為外人道哉的辛苦差事！「事非經過不知難」，要把口述歷史工作做得好，幹得出色，恐怕非具備下列幾個條件不可：

(1)基本的史學素養；

(2)足夠的近代史知識；

(3)寫真傳神的大手筆；

(4)繡花針的細密工夫；

(5)大刀闊斧的遠大識見。

四、口述歷史的史料價值

基本上，口述訪談所得的史料，與其他文獻史料一樣，當然都具有一定的史料價值。其最大的價值，在於對當代人物或事件的研究，可以補充文獻資料的不足，解決文獻資料無法解決的問題，得到文獻資料所難以獲得的滿足。更明白的說，口述歷史的工作及證據可以使歷史更具說服力，使「主觀」的研究，變成「客觀」的表現方式，讓歷史更為生動有力。蓋史家針對某一位歷史人物或某一歷史事件的研究，由於時空的距離，因為生活情境的不同，有時難免不是出之於史家自己的想像或個人生活經驗的反射動作，稱之為小說的學術型式，一點也不為過。經過口述訪問，至少可以把這種單向的、無法求證的，表面看來客觀而實際卻漏洞百出的研究，變得較為真實，甚至充實，而且生動活潑，充滿趣味性。換句話說，文獻本身並不能完全回答過去，有問題必須靠史家自己去重建或尋求解決；但被訪問的當事人卻能，他能為歷史作見證，為史家指點迷津，幫助史家找到更確實而合理的答案。

口述史料的採集，還有一個更大的作用，那就是可以幫助史家走出學術的「象牙之塔」，走向社會，走入群眾，發揮應用史學的功能。誠如英國口述史家湯普森(Paul Thompson)在其名著《過去

的聲音：口述歷史》(The Voice of the Past: Oral History)中
所說：「大部分歷史均查之於圖書館，但口述歷史則可到處進行。
它將歷史學家從與世隔絕的深院，帶進群眾生活圈，而並非與其同
隸屬之社會群活生生之世界。它將新生命投入於圍繞群眾而建立之
歷史。它亦將歷史帶入社會。它扶助非特權階級，尤其賦予老者尊
嚴與自信。它促成階級與世代間之接觸，並達成彼此間之更加瞭解。」

　　口述史料的價值，當然有其限度，並非百分之百的正確或完全
可信。文獻史料如官文書、電報、信牘、日記等尚且可能有作偽的
情形，何況當事人事過境遷的口頭回憶！口述史料不僅是一種個人
記憶，無疑也是一種社會記憶，它與自傳、回憶錄一樣，多少經過
選擇性的重建和有意識的修飾，史家因此對它的可信度多少持保留
的態度，有的甚至批評：口述歷史只是蒐集大批無價值的廢物，利
用者有如沙裡淘金，而能否從一大堆垃圾中尋找到有價值的金塊，
誠屬疑問。

　　事實上，史料的價值，往往隨時代而轉變，亦隨史學家而轉變，史
學家能善用史料，則史料的價值自然就存在。口述回憶是否有價值，大
部分取決於受訪者(informant)是否對歷史具有正確的認知，而能
在一己由燦爛歸於平淡之時，針對過去一生的經歷，冷靜而不偏頗
的作一供述，對歷史有個俯仰無愧於心的交待。部分要依靠訪問者
(interviewer)的能力和功力。他是否仔細研究過所要訪問的對象
與相關的問題？他是否對一些關鍵性的問題問得有意義及有深度？
他能否指出矛盾(inconsistencies)及「時代錯誤」(anachronism)？
更重要的是，訪問者是否能與受訪者建立其互信的關係，而使對方
敞開心扉，到達一種無所不談的共鳴境界？這些因素無疑都直接間

接關係到訪問的成敗,並決定訪問紀錄的史料價之高低。

五、口述史料已有成果評述

採集口述史料,因對象時代所限,當然多以民國史爲主。就抗戰史與臺灣光復前後的政情研究爲例,史學工作者,或基於過去的傳統,或因資料一時尋覓不易,或緣於個人偏見,一般對口述史料往往未賦予較多的注意,廣加運用,甚至有所輕視。當然這可能也與口述史料呈現若干缺陷,不能滿足研究者的需要有關。

茲就各機關與坊間所出版之口述史料,其與抗戰和臺灣光復前後政情有關者,先做一番掃描工作,略爲分類舉述如下:

(一)　**對抗戰有較全面觀照者:**

(1)顧維鈞回憶錄(北京中華書局,十三冊)

(2)李宗仁回憶錄(廣西人民出版社,二冊)

(3)白崇禧先生訪問紀錄(近史所,二冊)

(4)徐啓明先生訪問紀錄(近史所)

(5)石覺先生訪問紀錄(近史所)

(6)丁治磐先生訪問紀錄(近史所)

(7)劉安祺先生訪問紀錄(近史所)

(8)陶希聖先生訪問紀錄(史政編譯局)

(二)　**對抗戰有部分觀照者:**

(1)林繼庸先生訪問紀錄(近史所)——工廠內遷

(2)周雍能先生訪問紀錄(近史所)——八一三淞滬之役

⑶戢翼翹先生訪問紀錄（近史所）──七七事變

⑷王鐵漢先生訪問紀錄（近史所）──東北接收

⑸王奉瑞先生訪問紀錄（近史所）──抗戰軍運

⑹于潤生先生訪問紀錄（近史所）──抗戰通信

⑺張式綸先生訪問紀錄（近史所）──國共區域性政治鬥爭

⑻董文琦先生訪問紀錄（近史所）──水利建設

⑼劉景山先生訪問紀錄（近史所）──鐵路借款

⑽郭廷以先生訪問紀錄（近史所）──大學教育

⑾袁同疇先生訪問紀錄（近史所）──國共思想鬥爭

⑿勞聲寰先生訪問紀錄（近史所）──空軍作戰

⒀盛文先生訪問紀錄（近史所）──談胡宗南

⒁於達先生訪問紀錄（近史所）──上海保衛戰

⒂鄭天杰先生訪問紀錄（近史所）──海軍抗戰

⒃劉航琛先生訪問紀錄（近史所）──四川與中央關係

⒄杭立武先生訪問紀錄（近史所）──中英關係

⒅齊世英先生訪問紀錄（近史所）──東北接收

⒆楊文達先生訪問紀錄（近史所）──戰時醫護

⒇龍繩武先生訪問紀錄（近史所）──雲南與中央關係

㉑金開英先生訪問紀錄（近史所）──石油開採

㉒黎玉璽先生訪問紀錄（近史所）──海軍抗戰

㉓丁廷楣先生訪問紀錄（近史所）──軍需輸運

㉔張法乾先生訪問紀錄（近史所）──南京保衛戰

㉕馬超俊先生訪問紀錄（近史所）──難民救濟

㉖潘宗武先生訪問紀錄（近史所）──徵兵與糧補

(27)黃通先生訪問紀錄（近史所）——縣長訓練

(28)尹國祥先生訪問紀錄（近史所）——徐州會戰等

(29)傅秉常先生訪問紀錄（近史所）——中蘇關係

(30)萬耀煌先生訪問紀錄（近史所）——武漢保衛戰等

(31)周美玉先生訪問紀錄（近史所）——戰時救護

(32)趙正楷先生訪問紀錄（近史所）——戰時生活

(33)劉眞先生訪問紀錄（近史所）——大學教育

(34)羅友倫先生訪問紀錄（近史所）——青年軍

(35)尹呈輔先生訪問紀錄（近代中國）——參謀業務

(36)栗直先生訪問紀錄（近代中國）——東北黨務

(37)祝紹周先生訪問紀錄（近代中國）——邊區防務

(38)蕭贊育先生訪問紀錄（近代中國）——政治教育

(39)劉茂恩先生訪問紀錄（近代中國）——晉南會戰等

(40)郭寄嶠先生訪問紀錄（近代中國）——忻口會戰等

(41)滕傑先生訪問紀錄（近代中國）——軍政工作

(42)汪敬煦先生訪談錄（國史館）——參謀業務

(43)姚恆修先生訪談錄（國史館）——油礦工作

(44)韋永寧先生訪談錄（國史館）——工廠內遷

(45)賴名湯先生訪談錄（國史館）——八一五空戰

(46)夏功權先生訪談錄（國史館）——空軍作戰

(47)梁肅戎先生訪談錄（國史館）——地下抗日

(48)天馬戎馬——葉醉白先生八十五回憶（史政編譯局）——四大戰役

(三) **對臺灣光復前後政情有較多著墨者：**

(1)白崇禧先生訪問紀錄（近史所）──宣撫臺灣

(2)魏火曜先生訪問紀錄（近史所）──醫學教育

(3)林衡道先生訪問紀錄（近史所）──光復後政情

(4)藍敏先生訪問紀錄（近史所）──光復後政情

(5)走過兩個時代的臺灣職業婦女訪問紀錄（近史所）──婦女參政

(6)女青年大隊訪問紀錄（近史所）──軍中服務

(7)陳湄泉先生訪問紀錄（近史所）──女警教育

(8)高雄市二二八相關人物訪問紀錄（近史所），三冊──光復後政情

(9)二二八事件文獻輯錄（省文獻會）──光復後政情

(10)二二八事件文獻續錄（省文獻會）──光復後政情

(11)二二八事件文獻補錄（省文獻會）──光復後政情

(12)陳逸松回憶錄（前衛出版社）──光復後政情

(13)朱昭陽回憶錄（前衛出版社）──光復後政情

(14)嘉義驛前二二八（吳三連基金會）──光復後政情

(15)諸羅山城二二八（吳三連基金會）──光復後政情

(16)嘉雲平野二二八（吳三連基金會）──光復後政情

(17)台北南港二二八（吳三連基金會）──光復後政情

(18)台北都會二二八（吳三連基金會）──光復後政情

(19)淡水河域二二八（吳三連基金會）──光復後政情

上述有關抗戰與臺灣光復的口述史料舉隅，掛一漏萬之處仍多，但

至少可以獲得兩點印象：㈠受訪者仍以大陸籍來臺人士為多；㈡受訪對象仍以軍人居多。直到最近五年，臺籍人士與非軍人受訪所佔的比例，始有明顯的增加。但不管如何，這主要是史學家遷就時空背景，因應社會記憶，為搶救史料（對象較易聯繫掌握）所做的一項努力成果，並不能憑此詮釋為一種完全有意識的選擇性重建，更不應冠上刻意忽略少數族群、婦女、勞工、鄉間平民、低教育程度者或文盲等大眾歷史的罪名。

即使軍人或其他政治人物所談的抗戰史料已屬不少，但明顯的仍有若干缺陷和不足之處。由於這些缺陷，自然同時影響研究者的興趣與成果的偏頗。張玉法先生曾指出，臺灣研究抗戰史的成果，主要集中在下列幾項：

㈠正面戰場——特別是對十二個戰區的研究；

㈡領導中心——蔣中正先生領導抗戰的部分；

㈢抗戰時期的外交——尤其中美外交；

㈣國共關係

但因資料所限，我們的弱點也有下列幾項：

㈠敵後戰場；

㈡偏重軍事與政治衝突，較忽略社會經濟面；

㈢地區研究偏重四川，忽略其他省區；

㈣淪陷區各種不同勢力的鬥爭。

關於臺灣光復的感受及前後的政情，雖亦有部分涉及，但基本上含蓋面仍嫌不夠廣泛。談及臺胞簞食壺漿迎王師的熱烈情況，例

如林衡道先生提出北門牌樓及天馬茶房的兩副對聯：「喜離苦雨淒風景，快睹青天白日旗」，「天下本是中國土，馬上恢復臺灣人」，有很傳神的見證。另《朱昭陽回憶錄》特別指出：「臺灣今日慶昇平，仰首青天白日清，六百萬民同快樂，壺漿簞食表歡迎，哈哈！到處歡聲，到處歡聲！六百萬民同快樂，壺漿簞食表歡迎！」這首〈歡迎國軍歌〉，是由臺南師範學校漢文教師陳保宗（後任省立宜蘭中學、省立蘭陽女中校長）作詞，該校音樂教師配曲。充分發揮了口述歷史的特色，兩者均可以彌補傳統文獻的不足，豐富了史學的內容，顯現了口述史料有其不可抹滅的價值！

六、結 語

在口述歷史蓬勃發展，各類口述史料大量出版並流通的今天，又當兩岸學術交流日益頻繁，對話機會日益增加之際，我們對史學的研究，尤其爭議性甚大的抗戰史及容易陷入統獨之爭的臺灣史，勢必面臨一些新的挑戰和新的衝擊。

面對這個新情勢，我們在態度上應如何調整，才不致顯得固步自封；在研究上應如何加強，力求紮實有根據，才能以理服人，這是值得大家思考的問題。

爲期拋磚引玉，個人謹提出下列三點淺見供大家參考：

(一)談現代史的研究，史料的出版實不可偏廢。據此，我們應該繼續出版口述史料，並加強學術資訊的交流，以史料做爲兩岸學者友誼和討論的橋樑，達到「互補兩利」的原則。

(二)抗戰史的研究，乃是一個綜合的研究領域，其中涉及到社會科學的多門學科，需要研究者具有多方面的知識。我們應當朝拓寬

研究領域與深化已有的研究課題兩方面同時並進。

　㈢在討論問題的態度上，我們更應心平氣和，力求客觀，就事論事，論斷不宜過份輕率或簡單化，甚至以偏概全，這樣或更能符合歷史兼具複雜性與多樣性的眞實面貌。

主要徵引參考書目

1.唐德剛，胡適雜憶，傳記文學出版社，民國六十八年。

2.唐德剛，〈文學與口述歷史〉，傳記文學，四十五卷四期。

3.沈雲龍，〈口述歷史與傳記文學〉，傳記文學，二卷五期。

4.程大學，〈口述歷史之理論與實際〉，臺灣文獻，三十八卷三期。

5.中央研究近代史研究所三十年史稿，民國七十四年。

6.「口述歷史」第一期（民國七十九年二月）、第二期（民國八十年二月）

7.王明珂，〈誰的歷史——五十年來在臺出版的自傳，當代人物傳記與口述歷史〉，東海大學歷史系、新史學雜誌社主辦「五十年來臺灣的歷史學研究之回顧研討會」論文（民國八十四年四月二十一日至二十三日）。

8.〈烽火的記憶・歷史的超越——「抗戰勝利五十週年的省思」座談會〉（一），張玉法先生談話，中央日報，民國八十四年九月十四日，長河版。

9.陳三井、許雪姬訪問，楊明哲紀錄，《林衡道先生訪問紀錄》（中央研究院近代史研究所口述歷史叢書42，民國八十一年十二月）。

10.朱昭陽口述，林忠勝撰述，吳君瑩紀錄，《朱昭陽回憶錄——風雨延平出清流》（前衛出版社，一九九四年六月十五日）。

11.余子道，〈把抗戰史研究提高到一個新水平〉，《抗日戰爭研究》，

一九九五年第一期。

12.唐諾‧里齊（Donald A. Ritchie）著，王芝芝譯，《大家來做口述歷史》，遠流出版公司，民國八十六年。

13.Paul Thompson, The Voice of the Past: Oral History(Oxford, New York, Oxford University Press), 1988.

14.Stephen Humphries, The Handbook of Oral History: Recording Life Stories(London: Inter-Action Imprint), 1984.

15.Martin Wilbur, Reflections on the Value of Oral History in Chinese Historiography, 中央研究院，國際漢學會議論文集，歷史考古組，下冊，民國七十年。

評 論

賴 澤 涵

　　主持人、各位女士、先生，我很榮幸被邀來擔任陳三井所長論文的評論人。陳所長不僅是學術界的前輩，也是作口述歷史上的前輩。他的口述歷史工作已經超過三十年，可以說經驗非常地豐富，由這篇論文可以看出來他寫得十分的得心應手，可做爲我們史學界作口述歷史的一個典範，也可以看做是從事口述歷史應看的一篇文章。

　　台灣口述歷史工作的受重視，我想我們不能不回溯到中研院近史所的創辦人郭廷以先生。郭廷以先生他對近代史的觀察力相當地敏銳，所以他早期邀請被訪問的人都是在政界或軍界等等敢講話的一些人。當然沈雲龍教授參與近代史研究所的口述歷史工作也有相當的貢獻。陳三井所長當時跟幾位年輕人都是在近史所草創時期就參與口述歷史工作。所以他們訪問的那些人，提供不少的歷史訊息，反而最近大家所得的訊息不像以前那麼多。

　　到目前爲止，近史所所出版的口述歷史可以說已經相當的多了，至少已經五、六十本以上，而且在陳所長的主持下又創了口述歷史刊物，所以可以看出近史所與陳所長的貢獻和遠見。今天口述歷史能夠普受社會的重視，近代史研究所的貢獻可以說開風氣之先。從近史所之後，才慢慢有黨史會、國史館、史政局，還有省文獻會，甚至吳三連基金會這些單位都在做口述歷史的工作；調查局過去也作

過簡單的口述歷史，不過調查局工作人員當時對口述歷史的方法知
道有限，所以寫得非常簡單，尤其他們訪問當時的二二八事件縣市
警察局長，有的只有一頁，有的甚至一頁都不到一半，可以說非常
簡陋。解嚴之後，民間的口述歷史最多。尤其二二八事件的口述可
以說是最多的。在座的張炎憲教授就是其中之一。至於婦女史的口
述歷史現在也在展開。用個人力量在做口述歷史恐怕是我們那個老
友林忠勝先生他們夫婦在美國做口述歷史，也出了兩本書，這都是
很值得欽佩的地方。至於大陸各省市都有文史資料，其實講起來也
不乏口述歷史的資料在裡面。國外的就是剛才陳三井教授所講的哥
倫比亞大學在Martin Wilbur的主持下由唐德綱教授作實際的工作
的口述歷史。其實哥倫比亞早期的口述歷史跟近代史研究所可以說
是合作關係。最近大概以英國出版的口述歷史的書最多。除了剛才
提到的王芝芝教授翻譯的那本書，恐怕還有幾本都可以參考。

　　陳所長這篇論文文字並不是很長，可以說是融合他的經驗、心
得之作。剛才他已經報告的很清楚，我不必在這裡重述。我讀了這
個文章以後發現一些很深得我心的講法，譬如第三頁講的是從事口
述歷史的工作就像新聞記者的採訪一樣必須講究技巧才能馬到成功，收
集到有價值的資料，我想在這裡有很多從事口述工作的人都有同感。此
外他說口述史是一種專業性也是一件藝術性的工作，所以這是一個
不簡單的，必須用極大的耐心去從事。一個成功的訪問，其中訴諸
於受訪者可居一半，訴諸於訪問者又居一半，我想有經驗的口述歷
史工作者，也會同意的。此外他也提出所謂五步原則，我想這個都
很值得大家重視。至於他講的口述史料的採集還有一個更大的作用，那
就是可以幫助史家走出學術的象牙之塔，走向社會、走入群眾，發

揮應用史學的功能。目前我們台灣研究歷史者總是被認為是比較屬
於不食人間煙火的一群，從事口述歷史工作，的確可以使我們知道
很多外界的觀點。最近各地文化中心很多都在做口述歷史，如果我
們可以訓練學生用這些方式，我想將來應該有很多的成果。但陳教
授論文提醒大家口述史料的價值當然有其限度，並非百分之百的正
確或完整。我想這是大家都知道的一點。不過我也發現一些學者他
把口述歷史當作歷史，這是不對的。

　　陳先生也對過去口述歷史的侷限性與未來展望作了扼要的敘述，當
然本文裡面有的地方用口述歷史，有的用口述回憶這些名詞，但是
他的標題叫口述史料，所以我們從這裏可以看出來陳先生在這方面
是有相當精深的經驗。因為口述，是把它當做是一種史料，不等於
歷史，這點我想大家都會同意。

　　我個人作過一些口述歷史的工作，但是我讀完陳先生這篇論文
後我一些感想。口述歷史當然最好是在一個開放的社會，剛才陳先
生也講過，一個開放社會比較容易取得真實的、比較接近史實的。
否則禁忌太多不太容易得到線索。我記得我開始在做二二八口述歷
史時，當時還沒有解嚴，譬如訪問楊亮功先生，楊亮功先生第一個
就問我：你作這個幹什麼；就是很防衛性的。現在作口述歷史比以
前要好得多了。

　　總之，口述歷史除了陳教授所講的記者的能力之外，也應有導
引受訪者可以滔滔不絕地傾訴的能力。所以必須要建立像陳所長所
講的受訪者與訪問者之間的信心。此外從事口述歷史也應該要有法
官辦案的邏輯訓練才可以，當然最後還有一個文字的訓練，這樣才
能夠寫出生動的口述歷史。最後我有一個問題要請教陳先生，口述

歷史是要把它當做第一人稱來寫比較好呢？還是第三者的身分來寫
比較好？還是說以一問一答的記錄下來比較好?我想這個大概是口
述歷史都會面臨的問題，謝謝各位。

文獻資料和田野資料的距離
——以彰化地區客家族群的墾拓爲例

劉 還 月

台灣常民文化學會理事長

提 要

客家人在台灣，雖然是僅次於福佬族群的第二大族群，墾拓的歷史也相當悠久，然而，無論在歷史文獻或者現代的田野資料，都甚少見到完整且全面的記錄。

台灣歷史上的客家研究，除了源自於中國廣東羅香林教授所整理出來的「客家歷次大遷徙」之外，完全沒有根植於本土的台灣墾拓歷史，有的也只是清代方志中偶而提及的「三山國王廟，一在鹿港街，粵人公建……」，其他很少有機會再出現在各式的文獻中。

就以中部的彰化地區而言，相關文獻以及近代客家的研究，甚少把焦點放在這個區域；但透過深入的田野調查，卻發現這些地方跟客家族群的墾拓，有著密不可分的關係。平原上的子民，雖然都操著一口福佬話，然而，他們生命底層的記憶中，卻一直惦念著「客家！」。

文獻與田野之間的距離，要如何才能縮短呢？

客家是什麼？

　　對於二十世紀的台灣人而言，不管認不認識，有沒有接觸過客家人，提起「客家」兩字，必然不會太陌生。即使是全然沒有接觸過的人，對於客家，多多少少會有一些固定的印象：團結、保守、勤勞、小氣、排外……等等，無論是正面的印象還是負面的評價，都非常獨特鮮明，顯然在台灣社會，客家已是一個輪廓清楚，特徵明顯的族群。

　　客家人原本只是中國許多民系中的一支，在西方傳教師的眼中，他們的血緣甚至被認爲介於漢民族與原住民之間，「(客家是)一種很特別的族群，分佈在廣東和汕頭的山區，他們的地位比漢人略低一等……由於是混血的關係，雖比原住民文明，　但仍擠身不上漢人的社會階級」❶，曾經何時，這支民系卻變成了忠誠和團結的代名詞，影響的因素頗多，最重要的恐怕不脫「客家人的認同不僅是語言、政治利益、文化或租借地的關係，更重要的是這種認同感一直在歷史上被敘述，被強調著。」❷，此外，也有人認爲：「客家人的文化習俗在中國本土時，已經十分獨特，原因是他們長年被迫害而產生的自覺意識，讓他們更團結，到台灣後，身爲少數民族，又處於原漢交界處，更讓客家人特別在乎自己的族群定位……」❸。

---

❶ Campbell ,George : 〈Origin and Migration of the Hakkas〉,《Chinese Recorder and Missionary Journal 》 1912: 43: 473-480。

❷ Constable, Nicole:〈History and the construction of Hakka identity〉，陳中民,莊英章和黃數民合編《台灣的族群關係：社會、歷史和文化的觀點》，台北：中央研究院民族研究所，1994，頁67。

❸ Copper John F: 〈Taiwan: Nation-State or Province?〉 USA: Westview Press,1996, pp55。

來到台灣的客家人，不但要面對來自原住民的馘首壓力，更大的生存挑戰則是來自同樣居住在平原的福佬族群，「竊論臺地閩人多而粵人少，閩人散而粵人聚，閩人貪而愚，粵人狠而狡，故粵人常得逞志於閩人焉。每叛亂，多屬閩人，而粵人每據上游，藉義肆毒生靈，甚於叛賊。且粵莊既多，儲糧聚眾，以竹為城，以圳為池，磐石之安，熟逾於此。閩人攻且退，復放耕牛、農具、衣服等物，散布於路以餌之。而伏人於僻近榛莽間，閩人利其有，大肆搶奪，伏起殺之。故閩人多死焉。其禍自朱逆叛亂以至於今，仇日以結，怨日以深，治時閩欺粵，亂時粵侮閩，率以為常，冤冤相報無已時。」❹，由此可見，這兩個族群，在台灣的開發史上，便一直扮演著對立、衝突的角色，雖然客家人偶有勝利，但以整個大環境而言，福佬人的優勢要超過客家人許多；也因此，長久以來的客家人，一直扮演著弱勢者的角色，在大多數的客家人的內心裡，更普遍充滿著被欺負、被壓迫的不滿與不平情緒。

　　長期在壓力下存活的客家人，在扮演「飽受欺壓的弱勢者」角色之餘，為了延續族群的命脈，所依靠的就是強大的凝聚力，在「閩粵分類」的時代，客家人有嚴密的軍事組織，力圖和福佬人分庭相抗；到了社會治安漸上軌道的時代，客家人組成強大的鄉親團體，以維護族群的利益；戰後台灣逐漸邁入民主化，客家人更成了一個有具體行動力以及政治影響力的族群，每逢選舉，客家人都成了各黨各派積極爭取支持的對象，在政治文化界中，更有許多菁英

---

❹　林師聖：〈閩粵分類〉，《台灣采訪冊》，台北：大通書局翻印本，1994，頁34-35。

人士，都爲客籍出身，加上客家人向來喜歡強力標榜，不斷宣說的
「客家雖自中原南遷，然其重道德、重義氣、重禮義、重理智、性
剛強，仍具古風，保存漢族血統，最爲純粹。語言風俗習慣，猶是
中原遺風。其守禮節、重道義、好學問、講倫理，均表現中原民族
氣質，惟幾經離亂，披星戴月，更養成其堅忍卓絕、耐勞、耐苦、
獨立奮鬥之精神，養成其向外發展，冒險犯難之精神。太平天國之
起義，辛亥革命之先驅，與日抗戰爭之貢獻，均可爲客家精神之表
現，即爲中華民族精神之偉大表現。」❺……不僅突顯這個族群在
台灣社會中，一直企圖扮演關鍵者的角色，更說明了台灣客家人的
心態與自我定位。

　　爲了建構巨大的客家精神圖騰，台灣客家人不斷致力於以下三
大心理建設工程：

　　一、　不斷闡揚客家精神，宣說「客家人的正統身份」：從早
期以「黃帝嫡親苗裔，也是大漢民族一支重要的主流」❻自居，到
了八〇年以後，不斷把亞洲的幾位重要領導者，如孫中山、鄧小平、李
光耀、柯拉蓉、李登輝……等人，加上客家人的標籤，以突顯客家
人的「偉大」、「傑出」，以及「中華民族主流」的角色定位。

　　二、　強調客家人勤勉的特色：客家人對於自己的勤勞與節儉，
一直都視爲重要的美德，平常時就不斷的強調，一九八八年，李登
輝接任台灣總統時，《客家風雲》雜誌就有一篇文章特別提到「在
他祖父李財生時代，全家從桃園縣龍潭鄉三河村遷移到台北縣三芝

---

❺　楊國鑫：《臺灣客家》，台北：唐山出版社，1993，頁23。
❻　陳運棟：《客家人》，台北：聯亞出版社，1978，頁403。

鄉，替當時在三芝鄉擁有大片農田的客籍地主傅印先生承租田地，種稻和種茶，祖母李揚妹係新竹縣關西鎮客家小姐，為典型之客家婦女。」❼，並且更進一步指出：「這是第一位台灣省籍人士，也是第一位具有客家血統者。出任我國總統後，其所扮演之角色自有重大的歷史意義。」❽。

　　三、　牽強附會的認同感：：為了擺脫弱勢者的困境，客家人經常對某些現象，加諸許多牽強附會的解釋，目的無非是爭取更多的認同感，儘管結果往往得不到什麼回應，客家人卻樂此不疲，我們可以從《客家雜誌》的一篇短文中，看到客家人是多麼容易就「樂不可支」：「李登輝總統在接受日本《文藝春秋》的訪問時，曾特別指出他與新加坡總理李光耀之間的情誼，是為著彼此都同屬客家的因緣！這段話，令許多的台灣客家鄉親，『樂不可支』」❾。

　　在中國，原本只是僻居山區的一個民系，來到台灣後，卻一直奮力不懈地積極建構客家精神圖騰，並且不斷宣說客家人「忠義」、「道德」、「禮義」……等精神和觀念，主要的企圖無非以下兩項：一是長期居處於弱勢的地位，加上「被欺壓者者」的心結，因而產生害怕被消滅的預防心態，只得企圖以具巨大的精神圖騰，用以凝聚族群共識；二是反應出他們被其他族群（尤其是台灣的福佬族群）排斥，並加於刻板的定義之後，客家族群為與之相抗，而刻意營塑出有別於、甚至「超越」過福佬人的族群優越感。事實上，客家人

---

❼　戴興明：〈第一位本省籍總統—李登輝先生〉，《客家風雲》雜誌，第四期，1988，12，頁 12。

❽　同註❼。

❾　不著撰人：〈李登輝和李光耀〉，《客家》雜誌，第六期，1990，6，頁56。

雖然積極在營造龐大的精神圖騰，並不能改變太多的現實狀況，於是產生兩種截然不同的結果：

一、　在客家人較多、可以維持基本客家生活形態的地區：由於自清初以降，閩、客雙方爲爭生存權而衍生的衆多糾紛，使得這兩個族群長久處於水火不容的狀態，客家人爲求自保，「粵大莊多種刺竹數重，培植茂盛，嚴禁剪伐，極其牢密。凡鳥鎗、竹箭無所施，外復深溝高壘，莊有隘門二，堅木爲之。又用吊橋，有警即轆起固守，欲出鬥則平置，歸仍轆起。其完固甲於當時之郡城矣。」❿，堅如郡城般的客家庄，同時也把客家人禁錮在一個封閉的世界裡，缺乏跟其他族群互動的機會，隨著清朝的結束，刺竹爲衛的自我封閉形式也被打破。儘管在某些人數較多的客家地區，還能夠維持較完整的社會形態，然而隨著社會不斷開放，這些客家地區需要面對的，卻是隨時可能被併吞或者被同化的危機。爲了抵抗日益強大的危機感，維持客家社會的特殊性，只得不斷地向我族及他族灌輸客家文化的珍貴、客家族群的偉大……，慢慢地也就形成完全有別於福佬社會的精神圖騰，久而久之，甚至演變成客家人不肯面對現實，卻一昧自我膨脹的特殊現象。

二、　在客家人較少、墾拓範圍較小、領域不夠完整的地區：在這裡生活的客家人，雖然也保有相當程度的客家意識，然而巨大的生活壓力，讓他們沒有辦法封閉自己，自成一個世界，而被迫必須去面對福佬人，並和他們產生多方面的接觸，特別是在經濟方面的往來。然而，卻履履屢遭受「閩每欺粵，凡渡船、旅舍，中途多

---

❿　同註❹。

方搜索錢文。」**⑪**的不公平待遇，客家人無論如何「積恨難忘」，生存仍是第一要務，最後只有走上妥協一途。妥協的方法很多種，如何學習福佬人的語言，以利和福佬人溝通或交易時不再吃虧，應是最重要的客題。久而久之，這些放棄母語的客家人，自然也比較不堅持其他傳統的文化，慢慢地也就變成了有名無實的客家人，也就是所謂的「福佬客」或者「澳客」。無論是爲了抗拒其他族群壓力而凝聚成強大我族意識的「客家人」，或者早已改鄉音、易文化的福佬客，都有不同的際遇和生存條件，更需要面對不同的困難與掙扎。然而有趣的是，在不同的統治者眼光中，他們可能都只是遇到問題時有多少利用價值？或者應該以什麼方式來利用的一群人？除此之外，鮮少以平常的眼光來正視他們存在的歷史。

客家人有沒有可能拋開長久以來虛構的圖騰以及膨漲的主觀意識，勇敢面對眞實的歷史，並且重新找尋這個族群比較踏實的定位，可能是在這個時代裡，台灣第二大族群最迫切需要面對的問題。我們不妨試著從客家人入墾台灣的大致狀況，以及這個族群在彰化平原上的墾拓情形，從頭檢視相關的歷史文獻資料（因限於時間及個人能力，僅以周璽的《彰化縣志》爲主，其他文獻爲輔。），並提供個人進行田野調查所得的田野素材，做個充分的比對，我們可以發現，統治者所留下的所有歷史，都是爲他的政權做最佳的詮釋而已，除此之外，根本沒有人民的歷史；想要看人民鮮活的圖像，只有進入田野現場，必然會發現鄉村坊里、老街寺廟、人民記憶⋯⋯中，無處不藏有珍貴而動人的豐富資料。

---

⑪ 同註**⑤**。

台灣的客家移民

　　史家們所論及的客家移民台灣史，或從明鄭寫起，或從清康熙後肇始，大體的狀況如下：「客家大量東移臺灣，根據早期有關的文獻及近代查記資料記載，差不多都在康熙二十年代以後的事。在此之前的明鄭時代，雖然若干粵東的客家人曾跟隨鄭氏的部隊入臺，惟其人數究竟不多；其後且都被滿清政府遣散回籍，因此不能視為自動自發的正式移民。」⑫，有些研究者還會將清季的客家移民，分為幾個時期來討論，比較具體的有：一、清初三代客家人在台灣南部的墾拓；二、清初三代中部客家人的入墾；三、乾隆至道光年間，客家人的移墾台灣北部的情形。⑬然則這些墾拓的歷史，大多利用歷史文獻中的斷簡殘篇，試圖努力拼湊出來的，非但無法完整地勾繪出客家人所建構的世界，甚至要找出其中的關連性，都會出現許多障礙。我們試以陳運棟最膾炙人口的《客家人》一書為例，這本被譽為有史以來最完整地台灣客家歷史論述，對於台灣客家人的實際狀況，討論的並不多，就以台灣中部客家的墾拓為例，《客家人》僅簡要的說明如下：

> 1.在康熙末年至乾隆年間，台灣中部各地區，由入墾的客家
> 　人所建立的「客莊」遍布各地，其人口數，每村莊多者千
> 　人以上，少者亦有百人左右，其總人口數，當亦不下於散

---

⑫　同註❻，頁95。

⑬　參閱陳運棟：《客家人》，台北：聯亞出版社，1978，頁 95-115，兩青：
　　《客家人尋「根」》，台北：武陵出版社，1985，頁185-203。

居在南部各地區的鄉親。藍鼎元所稱的「台中客子莊數十萬眾」及「人不下數十萬」雖係指在台全部客家人口而言，但也不無誇大其詞的嫌疑，因爲當時全台總人口數也不過百萬人左右而已。

2. 這些來台謀生的客家人，大多是青壯的單身漢，他們因爲沒有自己固定的基業，所以流動性很大，除了春來秋回所作的季節性遷移外，又經常千百成群，跟隨墾地由南而北移動。因此這些早期的客家莊，時而建立，時而遷徙消失，很少長久存在下去的。

3. 早期來台的客家人，絕大部份是以跑單幫的方式，偷渡來台；不過也有些人是藉著朱一貴事變的時候，以應徵爲鄉勇的身份，跟隨南澳鎮總兵官藍廷珍來台平亂。事平後，這些客籍鄉勇隨他們的客籍領導者，在中部地區開墾草地，建立村莊，作長久居留的打算；李安善的北莊，是其一例。

4. 到了雍正年間（A.D.1723-35），因爲有早期來台的前驅者可供依靠，於是前來台灣墾殖的客家人，就日漸增多；而所謂的「客莊」也隨著更加普遍地建立起來了。於是就發生了定居在阿束社（按：阿束社今址，據日人安倍明義《台灣地名研究》的考證，其區域應在今彰化市香山、牛埔二里地帶）附近各村落的客家人，奮起救援地方長官，因而有黃仕遠等十四姓十八人被大甲番人殺害的壯烈義舉。由「客莊」的日漸增多，可以窺知當時流佈在中部各地區的客家人口，必不在少數。

5. 到了乾隆末年，因爲海禁逐漸鬆弛，來台墾殖的客家人更見增多，同時由於墾地的人口繁衍，因此在彰化北莊附近

開墾的李安善子孫,在成為該地方望族之後,於是乃能號召數千客家莊眾,協助清軍平定林爽文的變亂。

以上所述為康、雍、乾三朝,中部地區客家人口的流佈及其概數的情形。乾隆以後,直到嘉慶、道光初年,該地區雖不斷有客家人的入墾,但其指標已轉向現在台中縣東北角,大甲溪上游的東勢、石岡、新社等近山的鄉鎮地區(舊稱揀東上保)了。❶

《客家人》這本書中實際討論中部地區墾拓的篇章並不多,具體提及的中部「客庄」,也只有寥寥可數的:北莊(今台中縣神岡鄉北庄村、庄後村)、阿束社(今彰化市香山里、牛埔里)、台中的東勢、石岡、新社等鄉,再加上原文著譯七十七引《彰化縣志》的相關地名:海豐港街、海豐港保、饒平厝、鎮平厝、惠來厝、大埔厝、永定厝、香山厝、鎮平莊、廣興莊、客莊莊、梅州莊、潮洋莊、海豐寮、海豐崙……屈指可數的少數村落而已;事實的情形,當比上述所提的多出不知道多少倍,那又為什麼被記載成歷史的,卻是如此稀少而不完整呢?

歷史上的客家人角色

客家人存在的歷史不受到重視自古皆然,其中含有太多的錯綜複雜的因素。從可資查詢的文獻來看,客家人具體形成,最關鍵的年代應該是中國的南宋末年,客家人為了逃避元朝的武力,南遷至

---

❶　同註❻,頁103-104。

中國粵東山區以後，一直採取「入山惟恐不深，入林惟恐不深，但是他們的衣冠文物，仍然襲用宋代的規則，連建築房屋也仿照中原時代的小型宮室，中上之家都是前中後三座落，左右二列橫屋，看來十分寬敞整齊。」❺元朝覆亡之後，客家人依舊避居粵東山區，跟官方少有往來，直到明代末葉，先有沿海地區的流寇之禍，不久之後滿清入關，「逼近閩粵之際，客家節義之士，多起兵勤王，抗爭失敗，無法留居原地，而被迫遠走他方。」❻，之後，又有清順治年間的「遷海覆界」政策，限令閩、粵、江浙等沿海居民內遷五十里，使得沿海地區徹底堅壁清野，主要的目地雖是爲了斷絕鄭成功的後援，卻使得沿海地區的居民顚沛流離，粵東地區的客家人首當其衝，生活陷入困境，也只得流亡異地……這幾百年的變遷與流離，讓這一支自南宋而形成的民系，在擁有廣大領土的中國政府眼中，不過是眾多少數族群中的一支，甚至是較不合作的一支，自然不易受到統治者的正視與重視。

　　明朝末葉，鄭成功渡海來到臺灣，同時帶到臺灣的，就有二萬五千兵士以及五千家眷，到了永曆十八年（西元一六六四年）鄭經文率領了六、七千名兵士和若干家眷渡海而來，其中自然包括了原籍汀州府長汀縣賴坑客籍人士劉國軒的子弟兵，「另外在沿岸各島招聚運往台灣的『閩粵無賴子弟』也不少。增產糧食和擴充兵員是鄭氏政權的至上要求。」❼

---

❺　陳運棟：《台灣的客家人》，台北：台原出版社：1989，頁24。

❻　同註❺，頁27。

❼　王育德：《台灣》，東京：台灣青年社，1979, 頁57。

　　明鄭覆亡後，在靖海候施琅的力陳下，清廷勉強同意繼續治理台灣，但先是頒佈了〈台灣編查流寓例〉，把單身無業的「流寓者」，強制遷回中國原籍，接著又在一六八四年，頒佈相關的渡台禁令，「有人說這是出於施琅的私怨。施琅是福建省晉江縣人，他跟先當海盜後來幫助鄭軍的潮州地方客家作戰，吃了不少苦頭。」⑱，連橫的《台灣通史》更直接指出：「琅以惠潮之民多通海，特禁往來。」⑲。

　　施琅的影響固是事實，然而粵東之地自明季以來，一直都爲海盜的淵藪，也是事實，這諸多遠因與近果，自然使得新的當權者，對於客家民系築起更高的圍堵之牆，渡台禁令便是希望把客家人規範在粵東山區，以免到了台灣，更肆無忌憚地跟海盜勾結，造成更大的禍害。

　　渡台禁令是頒佈了，違反者一律嚴懲，可惜卻起不了什麼大作用，「商船水手，多空缺數名，所以私載無照客民而獲其利者也。……出口入口，文武弁員，因以爲利，如鹿耳門查驗，每空名例銀五錢，惟恐其不多耳。無照客民，或爲盜賊，風大人少，或至覆舟。通同作弊，可爲浩歎。」⑳。

　　利用各種管道，偷渡來台的客家人，大家聚居一處，以利彼此照顧相助，只是這些「客子」，在中國福建漳浦人藍鼎元的眼中卻是：「廣東饒平、程鄉、大埔、平遠等縣的人赴台傭雇佃田者，謂

---

⑱　同註⑭，頁69。

⑲　連橫：《台灣通史》，台北：大通書局翻印本，1984，頁61。

⑳　藍鼎元《平台記略》，台北：大通銀行翻印本，1987，頁51。

之客子。每村落聚居千人或數百人，謂之客莊。客莊居民朋比爲黨。睚眥皆小故，輒嘩然起爭，或毆殺人匿滅其屍。健訟，多盜竊，白晝掠人牛鑄鐵印重烙以亂其號。（台牛皆烙號以防竊盜，買賣有牛契，將號樣註明）。凡牛入客莊，莫敢向問；問則縛牛主爲盜，易己牛赴官以實之。官莫能辨，多墮其計。此不可不知也。」❷，藍鼎元也進一步分析客家人在台種種不當行爲的緣起以及防治之道：「客莊居民，從無眷屬。合各府、各縣數十萬之傾側無賴遊手群萃其中，無室家宗族之係累，欲其無不逞也難矣。……凡客民無家眷者，在內地則不許渡臺；在臺有犯，務必革逐過水，遞回原籍。有家屬者雖犯勿輕易逐水。則數年之內，皆立室家，可消亂萌。」❷。

明鄭時代，有潮州客家人投身鄭家軍麾下抗清，使得清初客家移民想橫渡臺灣，必須付出更艱困的代價；清領之後，數百或數千聚居一村的客家人，又被輔佐藍廷珍平定朱一貴事件的重要幕僚藍鼎元視爲：「結黨尙爭，好訟樂鬥，或毆殺人，匿滅蹤跡，白晝掠人牛，莫取過問」❷之輩，顯見執政者對他們的成見已深；儘管「辛丑朱一貴作亂，南路客子團結鄉社，奉大清皇帝萬歲牌與賊拒戰，蒙賜義民銀兩，功加職銜。」❷，但這僅是清廷治理臺灣的一種手段而已，並不表示當政者和臺灣客家人之間的關係有所改善，當然更不能做爲重不重視客家人的指標。

---

❷　同註❷。

❷　同註❷，頁52。

❷　同註❷，頁67。

❷　同註❷，頁63。

空白的台灣客家歷史

不管是從客家民系的誕生，還是在不同朝代中，客家人所扮演的角色，都可以發現客家人離群索居在粵東山區以後，和統治者的關係大都不怎麼和諧，甚至經常是敵對的角色。只是這些人僻居在遙遠的南方，勢力又不夠強大，朝廷也許曾經對這些人所扮演的角色感到厭惡，卻很難讓統治者正視（重視）過他們的存在。

來到台灣的客家人，角色跟在中國原鄉的族人扮演得差不多，無論這些人如何念念不忘著「黃帝嫡親」的「正統」身份，又如何強調自己是「大漢民族主流」的角色，在統治者看來，不過是一群「結黨尙爭，好訟樂鬥」的傢伙；既使在往後的一些民變事件中，客家人也曾數度扮演過「義民」的角色，皇帝所頒的「聖旨」是讓某些客家人（家族）奉爲至寶，甚至直到現在，都不斷拿出來做爲榮耀的表徵，事實上卻無法改變清廷對於客家人的漠視態度。清乾隆十二年（西元一七四七年），禁止客家人渡臺的命令開始鬆動了，但這並不表示單獨賜給客家人的恩寵，早在一年前，乾隆皇帝就詔准漢民攜眷渡臺；更準確一點的說，乾隆以降的海禁政策，其實已經無法禁絕如潮水般湧到臺灣的偷渡者，清皇朝也得順應大勢所趨，廢止有名無實，起不了什麼作用的「渡台三禁」。

在中國不曾受到重視的客家人，在台灣往往也是個不斷被利用的角色而已，可以想見的，在清人所主導的歷史中，很難給予他們正確的定位。除了比較大規模的墾拓或者民變事件，一般的志書中，甚少提及客家的史蹟，偶而出現的往往是某個事件的背景說明，不然就是語焉不詳的簡單敘述，使得後人無法從清代的志書文獻中，看

到客家人得墾拓、變遷與發展，這個台灣的第二大族群，就這樣進入了歷史的泥淖中，慢慢隱沒而成了不大起眼的民族。

歷史的隱晦，原本可以透過田野工作予以補償。在台灣，卻一直沒有專人或機構，進行客家族群的田野調查，甚至連對台灣族群調查最戮力的日本時代，除了固定性的戶口普查外，也不會針對客家族群進行全面性的調查。如此一來，也就讓台灣的客家歷史，一直停留在移民初墾台灣的年代，能夠探討的地區也都僅限於南部六堆以及台中、苗栗、新竹和桃園等地區而已，除此之外，無論在客家相關的書籍、雜誌，或者一般人民（甚至客家人）的心目中，台灣的其他地方跟客家人的歷史，似乎是完全沒有關連的。

我們就以濁水溪以北的彰化平原爲例：一般人的印象中，這是一個福佬人居住的地區，墾拓的歷史往往也是偏重漳、泉兩籍人士，至於清道光十二年（西元一八三二年），周璽修的《彰化縣志》能夠找到相關的客家資料也相當稀少，勉強可以找到的是卷二〈規制志〉的「街市」項下各保中的客家地名，如半縣東西保的饒平厝、詔安厝；東螺東西保的饒平厝、海豐寮、海豐崙、詔安厝……而已。另外在卷五〈祀典志〉所附的「寺觀」中，可見到：

> 三山國王廟：一在縣治南街，乾隆年間，粵人公建。一在鹿港街，一在員林仔街，皆粵人公建。按三山爲巾山、明山、獨山之神。三山在揭陽縣界，原廟在巾山之麓，賜額明貺。凡潮人來臺者，皆祀焉。其在潮州尤盛。
>
> 定光庵，在縣治內西北，乾隆二十六年永定縣士民鳩金公建，道光十年貢生呂彰定等捐修。祀定光古佛。㉕

㉕ 周璽：《彰化縣誌》，台北：大通書局翻印本，1984，頁157-158。

其他的風俗習慣，幾乎都不提閩或粵，所指的顯然是彰化境內絕大多數閩人而言，少有特別強調者，也只是：

> 家祭……泉人日中而祭。漳人、潮人質明而祭。泉人祭以品羞，漳人、潮人有用五牲者。

要不然就是卷九〈風俗志〉中，漢俗項下「士習」條中不痛不癢的記錄：

> 彰邑庠分閩粵兩籍，讀書各操土音，各有師承……

倒是在〈風俗志〉中的「飲食」，記錄了客家人的好酒習慣：

> 家釀老米酒，以養老疾，粵莊尤多。

《彰化縣志》中，和歷史比較有明顯牽連的，往往都集中在人物身上，卷七〈兵防志〉的「列傳」中提及福安康，曾言：

> 乾隆五十一年，林爽文倡亂……八月有旨，以嘉勇候爲大將軍，超勇候海蘭察爲參贊，……以楚、蜀、粵、黔兵九千人，赴台灣剿賊。㉖

卷八〈人物志〉「行誼」條下，貢生曾玉音曾於：

> 道光六年，閩、粵分類，玉音曾散千金以救難民。㉗

㉖　同註㉕，頁210。
㉗　同註㉕，頁246。

至於「義民」項下，則有粵籍之「十八義民傳」：

> 十八義民者，能知親上死長之民，而舍生以取義也。雍正十
> 年春，大甲西社番林武力等聚爲亂，台鎭總兵呂瑞麟率兵討
> 之，累戰弗克，逆番勢益猖獗，恣橫焚殺，村落多被蹂躪；
> 縣治戒嚴。淡水同知張宏章，適帶鄉勇巡莊，路經何（應爲
> 阿之誤）束社，逆番突出圍之，鎗箭齊發，矢簇如雨。宏章
> 所帶鄉勇，半皆潰散，幾不能脱。時阿束近社村落，皆粵人
> 耕佃所居，方負未出，據聞官長被圍，即呼莊眾，冒失衝鋒，殺
> 退逆番；宏章乃得走免。是時戰陣亡者，曰黃仕遠、黃展期、陳
> 世英、陳世亮、湯邦連、湯仕麟、李伯壽、李任淑、賴德旺、劉
> 志瑞、吳伴雲、謝仕德、江運德、廖時尚、盧俊德、張啓寧、周
> 潮德、林東伯：共一十八人。鄉人憫其死，爲負屍葬諸縣城
> 西門外，題其塚曰「十八義民之墓」。逆番既平，大憲以其
> 事聞。上深嘉許，賜祭予卹。每人卹銀五十兩，飭有司購地
> 建祠，春秋祭享，以慰忠魂。今祠已廢，而塚猶存。㉘。

　　道光六年的閩、粵分類，在卷十一〈雜識志〉中的「兵燹」有
比較清楚的介紹：

> 先是東螺保睦宜莊賊匪李通等，因竊黃文潤豬隻起釁，互相
> 鬥狠。自是各處匪徒，乘機散布謠言，謂是閩、粵分類。莊
> 民聞風蠢動，各處搬徙。匪徒乘勢，糾黨劫掠，集眾焚殺。
> 員林一帶粵人，紛紛搬入大埔心莊及關帝廳等處，堅守防禦。而

小莊居屋，被焚過半。惟白沙坑等莊，粵之潮州府人，與泉人比屋雜處，賴恩貢生曾拔萃同各莊紳耆總董，善為保護，俾得安堵如故，秋毫無損。而內山葫蘆墩等處，則互相焚殺，不可復制。沿至大甲溪以北，淡屬閩、粵，亦分類焚殺，惟虎尾溪以南，屬嘉義界者，始亦人心搖動，嗣以邑令王衍慶，辦理得宜，乃獲安靜。制憲孫爾準來台緝辦時，所特表其功而首擢之。後之賢有司，凡遇奸民乘機煽惑，分類械鬥者，可知所從事矣。㉙

　　從《彰化縣志》中，能夠閱讀到的相關客家資料，竟然是如此的稀少，某些舊地名也許跟客家有關，卻完全沒有任何進一步的資料。乾隆五十一年的林爽文事件，曾派粵人來台，他們到哪裡去卻全無線索；雍正十年，大甲西庄事件波及至阿束社（今彰化市香山、牛埔里一帶），因而產生的十八義民，是唯一資料較齊全的，但志書中能夠提供的也只是單一事件而已，至於跟整個歷史脈絡的關連，並沒有交代。

　　另外在卷八〈人物志〉中的「流寓」，倒記錄了兩位客家人的故事：

邱孟瓊，粵之鎮平人。寓北投街。通醫術，治病能起沉痾。有延以診視者，雖嚴寒酷暑皆往，里人德之。………
張顯謨，字卓徽，粵之饒平人。壯歲偕兄渡台服賈得貲，即為父償債。其怡怡有足多者。嘗寓員林，購街後曠地為義塚，並

㉙　同註㉕，頁383。

倡建大眾廟，里人頌之。……**❸⓿**

從《彰化縣志》中所能找到的素材來看，最多只能看到在那幾個地方，曾經有過客家人拓墾的痕跡：員林、永靖、埔心，花壇的白沙坑……等地都是明顯的例子，要不然就是那一種信仰，會跟客家人有關：彰化的定光石佛，鹿港、員林的三山國王廟以及員林的大眾廟……都是值得追查的線索。除此之外，就很難看到客家人在這個區域墾拓與發展過程。另外其它相關的方志，如《諸羅縣志》、《淡水廳志》能夠提供的歷史文獻更是稀少。

文獻雖然稀少，然則所呈現的殘斷篇章，卻又告訴我們：客家人在這塊土地上並沒有缺席過。問題是：要用什麼方法，才不致因歷史文獻的空白，讓我們忽略掉每一位墾拓者的動人身影呢？

日本時代的初次面對

相對於清季《彰化縣誌》對於彰化地區客家族群歷史的空白，日本時代以後，能夠找到的資料不僅較多且較爲具體，伊能嘉矩在《大日本舊地名辭書續編第三·台灣》中，清清楚楚地告訴我們彰化平原上的員林、永靖、埔心、溪州……等地方，都有客家人墾拓的事蹟：

> 這個地方（燕霧上、下保）在康熙年間，有泉州大墾首施長齡，招徠閩粵兩籍之佃人，從事開墾。至康熙四十八年時，全保大半地區，已告開墾完成。雍正八年，燕霧下保的員林仔庄、燕

---

❸⓿ 同註**❷❺**，頁26。

霧内庄，東山庄等，也已經墾拓建庄，到了乾隆十六年，員
林仔庄已成街市。……

（員林）街内的三山國王廟，乃是清雍正十二年，粵籍移民所
建……康熙末年，粵籍的移民來到。武西保開墾，到乾隆中
葉，全保大多墾拓完成。當時建有埔心庄、涌港庄、關帝廳
庄。嘉慶年間，廣東人徐鳴崗等，發起興建街市，遂集六大
股資金，購買水田作建街基金；到了道光年間，（埔心）市場
漸次形成，並成為保内之交易中心。

康熙五十四年，粵籍大墾首黄利英，招募同籍佃人來到東螺西
保開墾。從雍正到乾隆年間，許多漳州、泉州人移入本保，遂
與粵籍人爭地，在相互傾軋之下，粵籍人退讓，所墾田業，由
閩籍富豪收買，至嘉慶初年，本保粵籍人漸告絕跡。依最初開
墾的情形來看，東螺西保北部東螺溪南一帶舊社樣仔、新社店、
眉裡新庄等（今之舊眉庄內），是在雍正初年，由閩人墾拓而形成
的市街的。……雍正五年，東螺西保中部的三條圳庄，開始有
泉州人移墾；同時粵人羅泉，曾開墾新庄仔庄，（後於雍正十一年，
賣給漳州人廖玉等）。乾隆三年前後，原本為粵人開墾的牛稠仔庄，
也被泉州人買去，粵籍人士只好向永靖街（武西保）以及東勢角
地方（揀東上保）等地方退去……。❸❶

　　透過古今地名的對照，這些舊地名現今的位置分別是：員林仔
庄今為於員林鎮東和、民生、三民、中正、新興、仁美、和平、光

---

❸❶　伊能嘉矩：《大日本地名辭書續編第三·台灣》，東京：富山房，1909，頁82
　　-85。

明、中山、光復、黎明、惠來、三義等里；燕霧內庄爲大村鄉大村、田洋、南勢、貢旗等村；東山庄指的是員林鎮南東、中原、西東、東北等里；埔心庄今稱埔心鄉東門、埔心、義民等村；湳港庄則在今永靖鄉湳港、新庄、浮圳等村；關帝廳庄即永靖鄉永東、永西、永南、永北四村；舊眉庄在溪州鄉的舊眉村；三條圳庄在溪州鄉三圳、三條等村；新庄仔庄則在埤頭鄉新庄村；牛稠仔庄今稱埤頭鄉芙朝村；永靖街也就是今之永靖市街；東勢角在台中縣東勢鎮。

　　換句話說，彰化平原上中心地帶，也就是大村、員林、永靖、埔心、埤頭、溪州等鄉鎮，都曾經有過客家人的腳蹤。清代由於不受到當局的重視，並沒有留下多少歷史文獻；日本時代雖有比較具體的調查，但也僅止於上述基本的資料而已，再經過一百年的淹沒與流失，如今還能在這塊平原上，找到多少殘留的故事呢？

　　太平洋戰後至七〇年代之間，台灣研究在國民黨政府高壓的白色恐怖下，根本是完全停頓的，偶而出現的研究，大多只能引用日本時代的資料，而無法更進一步進行實務的研究：一九六〇年代賴熾昌主修的《彰化縣志稿/沿革志》❸❷論及清代〈彰化之開發〉時，資料大多取自伊能嘉矩　；到了一九八〇年，宋增璋撰的《台灣撫墾志上冊》論及<彰化縣之開拓>資料範圍仍未超過伊能嘉矩的著作❸❸。更準確的說，自伊能嘉矩對彰化平原進行過初步的調查，一直到一

---

❸❷　參閱賴熾昌主修：《彰化縣志稿/沿革志》，彰化：彰化縣文獻委員會1960，頁17-22。

❸❸　參閱宋增璋：《台灣撫墾志上冊》，台中：台灣省文獻委員會，1980，頁167-174。

九八二年間，整整七十年間，所有的記錄是空白的。沒有人可以進一步知道，那些歷經初墾、買賣、紛爭以至於械鬥的客家人，是不是依舊留在彰化平原，或者早已散佚他處了？

彰化平原的田野初探

要彌補這段歷史的空白，唯一的方法顯然只有靠田野調查。根據歷史文獻留下來的線索，在民間信仰中，可以找到的客家遺跡應該有三大類：三山國王廟、定光庵以及歷來分類械鬥而留下來的「義民塚」或者「義民祠」。

定光庵今稱定光古佛廟，仍存於彰化市，此廟不只是汀州人供奉守護神之所，更是汀州府同鄉人士所建供同鄉聚會、暫住，甚至是會議、論事的會館❸❹。可惜的是如今的寺廟，只留下正殿、右側堂以及捲棚……而已，完全見不到可供鄉親活動的空間，僅有的信眾，也只餘附近的居民，最初主導建廟的汀州府客家人，留在鄰近地區的已相當的少了。

至於義民祠，彰化縣境至少有四處，彰化市富貴里的懷忠祠，為清代十八義民而建的廟，只是今附近居民大多不知其背景及意義。永靖鄉永西村的英烈祠，當地人稱好漢爺廟，裡面所葬之人，傳即為道光六年，永靖街的閩客械鬥事件，客家人犧牲了八十二位壯丁，事件之後，地方士紳感念他們奮勇犧牲的精神，乃建祠供奉，這個事件同時也給鄰近的客家人昇起了聯庄保衛的想法，並促成永靖、

---

❸❹ 參閱莊敏信：《第三級古蹟彰化定光古佛廟調查研究》，力園工程顧問股份有限公司，1996，頁23。

社頭、埔心、員林、田尾、田中等地的七十二個村落，組成聯庄會，以祈自保。八十二名好漢的犧牲，也讓縣令楊桂森特別感受到地方寧靜的重要，因而地名改爲永靖，另外在獨鰲村，則有一座恩烈祠，供奉十三位恩公，這十三位恩公，就是清光緒年間，受不了當地施將軍的苛稅暴歛，偷偷潛到福州去告官的恩公，死後村人乃建祠供奉之。

　　埔心鄉的義民村，也有一座忠義廟。這座廟原本建在望高寮，日本時代南瑤宮聖四媽會供奉的媽祖，由於原借居的土埆厝倒塌，埔心、永靖、田尾、溪州四鄉三十三個角頭的信眾，希望集資建廟，日本人卻不允許，最後只得變通以供奉烈士之名建立忠義廟，廟成後則同祀聖四媽和忠義官，到了一九六八年，聖四媽另建了五湖官，忠義廟乃成了眞正供奉忠義公的廟宇。

　　忠義公是怎麼來的呢？從廟中高掛的「褒忠」牌匾以及牌位上書寫的「皇恩寵錫忠義諸公之神位」，顯然供奉的對象曾經協助官方對抗盜匪而死難的。這些人的背景是什麼？對抗的人又是誰呢？地方上對這些問題一直都有兩種說法；一是道光年間的分類械鬥；另外說是對抗林爽文事件而死難的客家人，比較爲大家接受的是後者，不只日本昭和五年，坡心庄長黃褒忠重修的<忠義公墓略誌>如是說，一九八七年立的〈忠義廟沿革史〉，開宗明義就說，「清乾隆五十一年……」，顯然這些戰死者都是當時挺身組織自衛武力的人士，事後皇帝爲嘉勉當地人士保衛鄉里的功勞，乃賜生存者爲「褒忠」，戰死者旌「忠義」❸。至於客家人跟這座廟的關係，曾

---

❸　〈忠義公墓略誌〉，原置於埔心國小校園內，1993年，忠義公墓拆遷時因風化嚴重而毀損。

慶國更直言：「埔心鄉忠義廟及忠義公墓園，不只是埔心鄉的精神
象徵，更是彰化平原移民：開墾拓荒的一頁壯烈史蹟，由於所謂忠
義廟或義民墓者，代表粵籍客家人的廟或墓，此與百姓公代（應爲、
之誤）有應公、萬人爺代表閩籍河洛（福佬）人，有所區別，也由於
忠義廟或墓，在全台數量不多，在彰化縣也以埔心鄉最有名，它代
表彰化平原有一大群粵籍客家人，在埔心鄉及附近的永靖、田尾、
社頭、員林…… 等這一大片連接地區，如何移墾、奮鬥、生存，
目前這批約十萬以上的人已完全閩南化，學術界稱爲『河洛客』（
『福佬客』），它是彰化平原是其全台最河洛化的客家人，是族群融
合的模範生。」㊱

　　三山國王廟自然也是尋訪客家人的另一個指標。根據初步調查，彰
化縣境至少有十八座之多，其中員林有兩座，埔鹽有二座，永靖有
四座，竹塘有二座，彰化市有兩座，社頭、田尾、鹿港、埔心、花
壇和溪湖各有一座；此外，另有一些廟，主神雖不是奉三山國王，
但往往配祀在左右殿，竹塘新廣村的廣福宮，主神是分香自鹿港的
蘇府千歲，右殿則配祀有三山國王。

不同系統的三山國王

　　將近二十座的三山國王廟中，大致可分爲兩個系統，一是以員
林廣寧宮首的三山國王廟，另外一派則以荷婆崙霖肇宮爲主體的信
仰中心。員林的廣寧宮，相傳肇基於康熙五十年（西元一七一一年）如

㊱　曾慶國：〈埔心鄉忠義廟〉，《彰化縣口述歷史史一》，彰化：彰化縣文化中心，
　　1995，頁77-88。

果依照《員林鎮志》③的記載，康熙中葉始，本地就已經有漢人初墾，其中更有鎮平縣的墾民詹志道、劉延魁、吳三霖，饒平縣的黃可久、黃實賢、盧剛直、張應和、張文啟以及陸豐縣的梁文開來初墾；到了康熙末年，八堡圳開通以後，施世榜又招徠許多閩粵兩籍墾民　，更印證了廣寧宮的初建，和客家人有脫離不了的關係。

《員林鎮志》同時也提到，康熙以後依舊有不少客家人移墾員林地區，比較重要的包括：雍正年間，詔安縣黃盛漳，饒平縣朱天壽、朱天海、張儒林、劉寧廳等人，乾隆年間，又有詔安人游宗賜、饒平縣張布強、張希遠等族人，甚至遲到嘉慶年間，仍有饒平人張鵬程等人；清季饒平張家的相繼入墾，一直到今天，張姓依舊是員林第一大姓，只是這些人全都成了操福佬口音的「福佬客」了。

廣寧宮還有一段鮮爲人知的歷史：相傳初建時名爲廣福宮，位於員林大街中段，廟中供奉有三山國王和媽祖，三山國王是客家人供奉的，媽祖則是福建漳州人奉祀的。兩神合祀在一廟，乃因墾拓之初，人口較少的客家人和漳州人，爲了共同抵抗泉州人，因而形成了結盟的關係，連信仰都可以混合而一，然過不了多久，客、漳兩籍人口益多，彼此間爲了利益的問題而產生紛爭，甚至還衍生成正面的衝突，導致廣福宮一分爲二，有趣的是拆伙之後的兩籍人士，都希望獲得安寧，於是三山國王廟改稱作廣寧宮，媽祖廟名喚福寧宮。

類似的例子，其實也發生在另一福佬客的地區，永靖永安宮的七十二庄組織就是一個典型。位於永靖街上的永安宮，廟中石柱對聯清楚寫著「永保七十二庄年年青吉，安桃三百六日事事亨通」，

---

③　參閱張義清編：《員林鎮志》彰化：員林鎮公所，1990，頁25。

平安符的符頭，寫的也是「永靖永安宮永保七十二庄」等字，再再
印證了永安宮七十二庄祭祀中心的說法。至於七十二庄的由來，地
方人士都能說出某個部份，卻眾說紛云，比較完整的說法是：道光
年間，附近的漳泉兩籍人士械鬥，弱勢的漳州人不敵，找客家人出
來希望調停，沒想到泉州人以爲漳州人搬來了救兵，不分青紅皂白
就予以襲擊，客家人只得結合漳州人，一同對抗泉州人，並且聯合
了當時武西、武東、東螺東、東螺西 ⋯⋯等保的客家人和漳州人，
組成七十二庄，涵蓋的範圍約今之埔心、員林、永靖、社頭、田中、田
尾等六個鄉鎮大部分的地區，並分成：開基祖媽、湄州媽、大媽、
武東保大二媽、武西保大二媽、武西保二媽、舊二媽、太平媽（聖
三媽）、三媽等九個神明會，借著信仰的力量，以凝聚地方上的力
量，如遇到他籍人士挑釁進犯時，則自動形成聯保的自衛團體❸。
八個祭祀圈中，都以媽祖爲主神，但屬於客家庄的組織，依舊以三
山國王主神，像是永靖陳厝厝、五汴頭、浮圳等庄所形成武西保二
媽，以及永靖瑚璉、水尾和永靖庄所形成的太平媽，再加上以埔心
地方爲主的武西保大二媽，都是典型客家庄的角頭，信仰中心自然
在永安宮。而這樣的一個組織，維持的時間並不會太長，有的認爲
三十年，有的說五十年，最長的也不認爲會超過一百年，分裂的原

---

❸ 有關七十二庄的分布及神明會組織，先有許嘉明於1972年的調查，並整理成論
文〈彰化平原福佬客的地域組織〉，發表於1975年2月出版之《中央研究院民
族學研究所集刊》第36期，之後又有曾慶國的〈「七十二庄」考〉，刊於1995
年6月，彰化縣立文化中心出版之《源泉水，歷史情——八堡圳傳奇》，本人
也曾在1997年3月至5月間，進行六次之田野調查，發現前人之記錄和本人調所
得有部分出入，本文所用以本人調查所得爲主。

因是各祭祀圈紛紛自行建廟，就不肯再奉永安宮爲信仰中心了。

　　有趣的是，七十二庄的說法，也同樣出現在員林的廣寧宮，根據《員林廣寧宮宮誌》的說法：「廣寧宮三山國王廟是員林地區歷史最爲悠久的廟宇，肇始於清康熙五十年（西元一七一一年）……至雍正四年丙午（西元一七二六年）　蒲月完峻，迎請三山國王金身入火安座，神威靈赫，轄有武東保、武西保、燕霧下保等七十二庄（相當現今之員林、大村、埔心和社頭等鄉鎮），香火頂盛，萬民崇仰！」❸❾。

　　若以員林廣寧宮的祭祀圈和永靖永安宮的七十二庄相比較，兩個組織的確有太多重疊的地方，只是員林祭祀圈的說法，無法從今人口中得到更精確的印證，無法查驗是不是和永安宮的組織是同一個組織，唯一可以確定的是，永靖以及員林的客家人口碑，都認爲他們的祖先大多是從諸羅山或者笨港登陸，再北上越過濁水溪來到彰化平原建立家園，永靖北永村的甘霖宮，主神就是隨著主人由北港溪上溯來到彰化平原定居的：「……明末清初時期，有廣東潮州府饒平縣人陳克文渡海來台，由北港溪上溯定居於諸羅縣境內時，隨身攜帶三山國王香火保佑平安。康熙八年陳君返粵攜三山國王神位來台，斯時北港溪常氾濫，乃輾轉遷至彰化縣武西保關帝廳（今永靖鄉）定居……」❹❶，這個例子可以更進一步印證，永靖以及員林許多移民自南而北的移墾路線。

　　三山國王的另一個主要系統，是溪湖鎮的荷婆崙霖肇宮，所在的位置爲三塊厝，如今這一帶除了擁有被稱爲「渡台祖廟」的三山

---

❸❾　全國寺廟整編委員會編輯部主編《員林廣寧宮宮誌》，1993，頁10。

❹❶　張永禎《彰化縣志人民志宗教篇》，彰化：彰化縣政府，1990，頁136-137。

國王廟外，全不見任何客家人聚居，主要的原因有二：一是「據埔
心鄉新館地方的耆老楊吟稱，清朝時期以大吃小的是事情是司空見
慣，最明顯的例子是現在溪湖鎮中山里，原來是客家人聚居的村落，俗
稱三塊厝，住有十幾戶客家人，後來被泉州人一夜之間全部殺戮殆
盡，村子及耕地盡數爲泉州人所侵佔，這也是爲什麼客家人地方主
祭神的『祖廟』——霖肇宮坐落的村莊，沒有客家人的原因。」**④**；
二爲客家人最早從鹿港登陸後，爲了尋找墾地，一路南下，荷婆崙
本就是移民必經之地，有一年，傳有名叫馬義雄、周榆森的兩個人，攜
帶三山國王的香火經過此地，三山國王卻突然起童，要在這個小山
崙上建廟，因附近又有許多的荷田，乃名荷婆崙，廟蓋成之後，附
近慢慢也聚居了不少客家人，可是附近全是泉州人的天下，泉州人
爲了趕走這些客家人，乃斷絕水源，客家人的生計受到極大的挑戰，只
得廉價讓出土地，全部遷移到埔心、舊館等地去討生活**④**。

　　爲突顯「渡海祖廟」地位，並確認「肇」始於「霖」田祖廟而
稱爲霖肇宮的三山國王廟，雖然跟客家人隔了一段距離，傳統的祭
祀圈與信仰圈仍保持得相當完整，一九九六年立於廟左廂的〈荷婆
崙霖肇宮志〉，明明白白地說：

> 本宮分香自廣東揭西縣霖田祖廟，是三山國王開台祖廟，歷
> 史悠久，除轄區跨溪湖、埔心、永靖及田尾四鄉鎮二十一村

---

④　許嘉明：〈彰化平原福佬客的地域組織〉，《中央研究院民族學研究所集刊》
　　　第36期，1975 (2)：頁171-172。
④　1997年3月至5月間，進行多次田野訪談，並綜合《渡台祖廟荷婆崙霖肇宮三山
　　　國王沿革誌》整理而成。

里外,分廟分香遍及全台各地,經年香火興旺,聲譽日隆,
使荷婆崙成爲善信聖地。

本宮主神巾山、明山、獨山三位國王,以及神農大帝、財神
爺等諸神,爲全台及下列五角頭信眾共建共祀:

一、大王角:奉祀巾山國王,建角頭廟霖興宮於舊館,轄舊
　　館、新館、南館、大華、仁里、湳乾、同安、同仁八村。

二、二王角:奉祀明山國王,建角頭廟肇霖宮於巫厝,轄東
　　溪里巫厝、芎蕉村楊庄、獨鰲、敦厚四村里。

三、三王角:奉祀獨山國王,建角頭廟沛霖宮於海豐崙,轄
　　海豐、陸豐、柳鳳、竹子、福興、四芳、崙美、羅厝等
　　八村。

四、祖牌角:奉祀祖牌,書「勒封三山國王神位」·建角頭
　　廟霖鳳宮於芎蕉,轄芎蕉村。

五、神農大帝角:奉祀神農大帝,建角頭廟澤民宮於三塊厝,轄
　　中山里三塊厝。❹❸

　　荷婆崙霖肇宮轄下的五個角頭,分佈的地區其實都在霖肇宮鄰
近的地區,除了三王角在田尾及永靖的西境地帶,神農大帝角在溪
湖之外,其他三角頭都在埔心鄉境靠近溪湖的位置。換句話說,霖
肇宮的信仰圈和祭祀圈的範圍都僅在「溪湖、埔心、永靖及田尾四
鄉鎮二十一村里」而已,跟彰化平原上規模龐大的七十二庄,雖然
有部份角頭(村落)相互重疊,但信仰的系統卻彼此涇渭分明,很明

---

❹❸ 曾慶國〈荷婆崙霖肇宮誌〉,勒石立於廟左廂,1996。

顯地可以區分，永安宮的七十二庄和霖肇宮的二十一村里，是完全
不相干的祭祀組織。

　　五個不同的祭祀圈內的相關廟宇，大多也相當清楚它他們和霖
肇宮之間的關係；位於永靖鄉竹子村的霖濟宮，屬於霖肇宮的三王
角，供奉的主神就是獨山國王，《霖濟宮獨山國王沿革誌》也清楚
指出：「本宮主神爲三山國王——獨山國王，分香自荷婆崙霖肇宮，嘉
慶二十三年（西元一八一八年）創建於武西保（今竹子腳）一百十九番地
現址，……⓬」；三王角的主廟海豐崙沛霖宮，早期在建構角頭的
祭祀圈時，便曾有鄰近地方，因居住族群的不同而退出的例子；富
麗堂皇的國王廟，左廂前壁崁有一塊小石碑，上寫著：「我海豐崙
沛霖宮主祀三山國王，當時八庄聯合以爲保護之神。迨至明治辛丑
年，議建廟宇之時，三十張犁不能同意，惟彭家一族參加而已。從
茲……長爲七庄因緣。」也就是說，修建大廟之前的海豐崙獨山國
王，信衆共有海豐崙、陸豐（崙仔尾）、柳鳳、竹仔腳、福興庄、
四芳、羅厝以及三十張犁等八庄⓭，明治年間才少了三十張犁，爲
什麼三十張犁堅持要退出，三十張犁的彭姓家族卻堅持要參加呢？
根據地方耆老邱愛火的說法：三十張犁（今仁里村）居住的大多福
佬人，只有彭姓家族爲客家人，所以三十張犁的居民早就不想參加

⓬　曾慶國《霖濟宮獨山國王沿革誌》，彰化：霖濟宮管理委員會。

⓭　〈荷婆崙霖肇宮志〉所記載的三王角祭祀圈和海豐崙沛霖宮所認爲舊有的祭祀
　　圈都同爲八個，卻有崙美村和三十張犁（仁里村）之差，事實上永靖的崙美村，
　　雖有部分屬沛霖宮的祭祀圈，但被歸入和福興村同爲一個祭祀圈，因此現今沛
　　霖宮的祭祀圈僅有七個，少掉的一個就是三十張犁。

海豐崙的祭典,卻一直沒有機會,趁著要蓋大廟時,紛紛推說沒錢,借機退出。自此以後三山國王就只剩下客家底的村庄共同祭拜,只可惜這些客家庄,如今幾乎完全沒有人會講客家話了。

屬於祖牌角的埔心鄉霖鳳宮,也可以找到許多跟霖肇宮有關的證據,廟的創建沿革,清清楚楚是從霖肇宮分得「勅封三山國王神位」的祖牌而來,祭祀圈內有許多居民,都清楚先人原是居鹿港,後來因閩粵械鬥,客家人失敗只得死四處逃散,他們的祖先就逃到芎蕉林來定居了。

隱沒在鄉野間的福佬客

透過上述不同的民間信仰系統,我們看到許多彰化平原上客家人活動的痕跡,然而,還是有許多疑慮,尚未找到答案。《彰化縣志》的〈寺觀〉曾經提到,在縣治南街以及鹿港街,都有粵人公建的三山國王廟;縣治南街的三山國王廟,名叫鎮安宮,今址在彰化市的民族路上,廟的前殿早被一些攤販和商店所佔住,從外表上很難看出這座廟曾經有過的輝煌歷史,戰後版的《彰化縣志/人民志宗教篇》說:「鎮安宮……主祀三山國王,創建於清嘉慶三年,有林金標、張眞槐等倡建,道光廿八年大地震時大殿傾圮,咸豐元年改建迄今。鎮安宮係昔日潮州來台居民鳩資公建,以販賣魚苗業者聚會之處,堪稱潮州同鄉會館。日據時期,漁戶分散,香火蕭條,乏人管理,加以年久失修,斷垣殘壁,岌岌可危。」❹。彰化三山國王廟的沒落,雖然表面上是因漁戶分散所致,事實上卻是象徵客

---

❹ 同註❹,頁217。

家族群完全的退出或者徹底被同化；日本時代顯然是個關鍵的年代。

鹿港的三山國王廟，也代表另一段客家人移墾由盛而衰的例子：

> 三山國王廟，址在鹿港鎮順興里中山路二七六號。三山國王
> 廟原爲鹿港潮州籍人士，共同爲其鄉土神三山國王所建立之
> 人群寺廟。鹿港最初曾有不少客家人在此定居，後因發生閩、粵
> 械門，人多勢眾之泉州人遂將客家人逼出肥沃之彰化平原，
> 大部份之粵人退至麥嶼厝溪與濁水溪間之地區，少數留下之
> 粵人爲求生存，逐漸改變其生活方式，爲泉州人所同化。
> 三山國王廟創建於清乾隆二年，原址在今中山路與民權路之
> 交叉處，規模較今日爲大。光緒九年十一月，復經商人莊出
> 海向員林及東勢角之潮州人發起募捐，重新修繕，氣勢更是
> 恢宏。惜民國十八年市區重劃時，此廟因位於計畫道路上而
> 全部被拆除。後乃蒐集舊有建材於現址重建，架構仍十分宏
> 偉。奈民國二十三年，日本政府又實施市區改正，山門、拜
> 殿復遭拆除，只餘今日七坪多之正殿，氣勢全失。今正殿後
> 之庭院，仍遺留當年拆廟時所留下之建材及一清嘉慶四年之
> 巨大石香爐。此外，廟內尚存乾隆二年立之「海東霖田」匾
> 及光緒四年之「國王古廟」匾。❹

走在今天的鹿港街上，最容易吸引人們的，無非是九曲巷、甕
牆、龍山寺或者民俗文物館，立在熱鬧繁華中山路上的三山國王廟，不
僅沒有輝煌的廟貌，甚至一點都不起眼，年節祭典會到廟中祭祀的，全

---

❹　同註❹，頁221。

是操福佬口音的人士，客家人早已不知去向，既使有，也是被同化了好幾代，甚至都不知道自己身份的福佬客了。

　　員林的大衆廟，雖然是饒平的客家人張顯謨購地倡建的，但也只是一座有應公廟，完全看不到什麼客家特色，也許這跟員林的客家人被同化相類似吧？失去了客家語言，又如何能找出客家特色呢？

　　永靖自然也是一個被同化的相當徹底的客家庄，歷史上我們可以看到客家人在這個地方頻繁活動的痕跡；然而，今天卻要問了很多人，才可能會有一兩人，告知這裡曾經有過的客家往事。儘管如此，卻有許多的客家文化遺跡，依舊殘存在繁華的街市間；永西村永安巷的英烈祠，雖然表面上看不到任何有關客家的相關記錄或者文物，小祠的棟樑底下，左右卻各有一句對子，左聯書：「英守境內恭迎春夏秋多福」，右聯則是：「烈保群黎祝納東南西北財」，楹聯的內容相當普通，也見不到任何跟客家有關的記載，然而在棟樑底下左右兩側的牆壁上設立對聯，卻是客家宗祠或家廟特有的文化，稱爲「棟對」，用意是記錄該家族繁衍的歷史與傳承的文化，在今天的六堆地區，這種棟對仍相當普遍許多宗祠間。創建於清代的英烈祠，最早可能由客家人主其事，而留下了棟對的族群記憶，後來雖經歷次修葺，棟對的文化依舊代代承襲而保留至今，可說是相當珍貴的文化遺跡。

　　在永靖地方，要找到其他跟客家有關的線索，就只有從堂號以及宗祠的歷駛著手，研究客家的人都瞭解，正立堂號以及重視宗祠，一直都是客家族群重要的文化特色之一；深入永靖各村進行田野普查，還是可以在堂號上看出客家的特色，瑚璉村忠實第老師府旁，就有一戶姓江的人家，門楣上用水泥塑著「饒邑堂」三字；另外在福興村

的邱家，也找到同樣的例子。至於永靖的宗祠，以邱（丘）、陳、詹、劉等姓氏爲最多，邱氏宗祠敦睦堂，主祀的先祖就是「開饒始祖」邱杰，饒自是指饒平之意；另外在陳氏家廟慶峰堂中，也祀有「開饒始祖」陳木苑，詹氏孔興公祖祠，祖宗牌位上就是純客家式的寫法：「河間／堂上歷代高曾祖四世考諡伯玳大肆詹公妣諡勤溫氏孺人／五世考建德宗佑詹公妣諡順淑鄧氏孺人……」；永靖的兩家劉氏家廟，都位在東境，根據當地張瑞和老師的調查，乃跟社頭鄉聚居衆多的劉姓人家有關，「唯一區別，社頭劉姓以漳州府爲原鄉居多，永靖以廣東饒平爲顯著，但據賴志彰教授研究指出，漳州府平和、漳浦等等，有很多都是『福佬客』，與永靖潮州府饒平的福佬客，在生活、習俗相近，也都能互相認同。」[48]。

客家式的堂號，同樣也經常出現在墓碑中，永靖邱文建公塔前的墓碑，就刻上斗大的「饒邑」的堂號，陳厝厝公墓上也可以發現許多墓碑上刻有「饒邑」的祖墳，田尾鄉豐田村的第六公墓，除了有饒邑之外，還出現「陸邑」，顯然是陸豐地區的客家後裔。

客家人把原居地的名字，留在堂號及墓碑上，當然也會留在新墾的土地上，田尾街西北方的海豐崙，就是原籍海豐的客家人墾拓小山崙而命的名；田尾街東南方的饒平厝，則是張姓饒平人初墾而成；鎮平乃因嘉應州鎮平縣而來，嘉應州的鎮平早改稱焦嶺，移墾搬來的舊地名卻依舊存在。員林的大饒，則是合大埔及饒平兩籍人士墾拓完成的。

---

[48] 張瑞和《永靖鄉土資料研究集》，彰化：永靖鄉公所、永靖國小，1995，頁240。

七界內的客家孤島

　　無論從歷史文獻或者田野資料中，都可以確定彰化平原上的確有過許許多多客家人存在的歷史，而留給我們共同的感嘆，似乎都是：客家人都被同化了？客家文化消失了？客家話更完全絕跡了？……

　　在濁水溪畔的竹塘，卻發現了一座供奉關帝君、孚佑帝君以及灶君爺等三恩主的醒靈宮，祭祀的風格和形態，非常接近北部客家的三恩主崇祀，廟側又見有規模宏大的惜字亭，每年國曆的九月二十八日，廟側的文廟還要舉辦特別標榜出「客家」為題的祭孔大典，更令人稱奇的，在這一帶，竟然也可聽到客家話，顯然這裡居住有不少客家人，為什麼其他地方的客家人都被同化為福佬客，獨獨這個區域（民靖村）的客家人得以維繫傳統文化呢？

　　翻開竹塘開發的歷史，可以找到許多客家人墾拓的記錄：

> 雍正年間，有廣東省潮州府饒平縣人詹寬怡入墾於嶺仔（竹塘西南約三百公尺）地方；接著於雍正、乾隆年間，再有福建省漳州府南靖縣人莊子貴、莊慶壽來墾於下竹圍仔地方（竹塘西約七百公尺）；戴泰定居今戴厝庄地方（竹塘北約七百公尺）。乾隆年間續有饒平縣詹時溪、詹時採、詹春林、詹登、詹華元、詹廣善、詹春怡，福建省泉州府安溪縣曾慎修，等人入墾；嘉慶年間又有饒平縣詹來養、詹賢惠、詹來鎮、詹阿國，福建省漳州府龍溪縣詹阿合等人來墾。
>
> 下溪墘……一帶在嘉慶五年（一八○○），有廣東省潮州府饒

平縣詹姓移民十二戶組織「詹字號」墾號拓墾。今居民多詹、廖二姓氏，閩籍占五十三％，客籍占四十七％，境內有永基二圳灌流，爲水稻、蔬菜、甘蔗、西瓜、洋菇之產地。

九塊厝　今彰化縣竹塘鄉永安、長安二村。距竹塘街區西南四‧五公里處，位於彰化隆起正岸平原之南緣，南至濁水溪北案尚不及四百公尺，海拔十五公尺。因初期只有入墾者九戶在此築建房屋，因得稱。相傳從乾隆末葉至嘉慶五年間，有廣東省潮州府饒平縣人詹時溪、詹時採者率者（應爲衆之誤）來墾，續有其他姓氏移民入墾。今以詹姓爲第一大姓氏，客籍占三五‧六％，閩籍占六四‧四％，相傳詹時採來台時，殖墾於近濁水溪之荒埔地，曾建採公塘莊，後訛變成菜公塘，採公即指詹時採，因當地多沼澤，故以稱塘。該部落至道光年間尚存，見於《彰化縣志》，後來因濁水溪氾濫崩毀，乃移至今九塊厝地方。❹

嶺仔又稱崙仔，如今已和竹塘連成一個部落，竹圍子則在竹塘兩邊，戴厝屬竹元村，下溪墘則在濁水溪畔，九塊厝也是濁水溪北岸的小部落，這幾個地方，除了下溪墘和九塊厝之間的內新厝，有一座廣靈宮奉祀三山國王之外，其餘根本難覓客家痕跡，而且在地理位置上，也跟位於竹塘最北端的民靖村，根本風馬牛不相干。

民靖舊稱面前厝，此地的開發始於乾隆初葉，「福建省漳州府

---

❹　洪敏麟：《臺灣舊地名之沿革》第二冊（下），台中，臺灣省文獻委員會，1984，頁410–415。

南靖縣人莊志文來墾於此，開創村莊，繼有莊中葉等兄弟，從南靖縣龜洋龍頭厝入墾。今民靖村爲莊姓血緣聚落，多數務農，境內有原成大排水灌溉，爲水稻、甘藷、蔬菜、亞麻、玉米以及洋菇產地。」❺⓪，鄰近的小庄頭，也只在巷仔溝，在光緒七年（西元一八八一年）時，有「今新竹縣北埔鎮客籍移民范姜阿振、陳振福、傅德火、江世古等人入墾開闢之地」❺❶而已，而巷仔溝位在小西村之南，范姜，陳，傅等姓人氏依舊住在那裡，且都被同化爲福佬客，顯然跟醒靈宮鄰近地區的客家人沒什麼關係。

那麼，醒靈宮一帶的客家人，又是從什麼地方來的呢？

答案其實就在《竹塘醒靈宮慶安福醮紀念誌》裡，這本刊行於一九九二年，爲慶祝醒靈宮新廟落成安座大典而出版的專書，說明醒靈宮創建的緣由謂：「清光緒三十二年（民前六年）孟秋，蔡登財等多爲信士在新竹廳下苗栗內獅潭（今之苗栗縣獅潭鄉）創設「醒世堂」，祭祀三相（三恩主公）。至宣統元年（民前三年）秋，堂主蔡登財等十八人，將該堂移到二林支廳深耕保犁頭厝下洲仔（即今之二林鎮興華里州仔巷），架設茅屋，迎祀三恩主公。民國二年，信徒受三恩主公顯靈感應乃於現之金牛山麓，建造正殿三間，擇日安座，將醒世堂易名爲醒靈宮。」❺❷

清光緒三十二年間（西元一九〇六年），在台灣其實是日明治三十九年，那些客家人爲什麼要千里迢迢南下到彰化平原來落腳

<hr />

❺⓪ 同註❹❾，頁412。

❺❶ 同註❺⓪。

❺❷ 魏金絨：〈彰縣西南角勝亭—醒靈宮〉，《竹塘醒靈宮慶安福醮紀念誌》，1992年，頁8-11。

呢？前文中有做更進一步的說明：「竹塘鄉醒靈宮是客家籍人士從苗栗遷徙過來後，才加以興建的。當初來此的客家籍民眾可能不多，直到源成農場設立之後，才大批遷徙過來，他們當初生活也很困苦。經過大家胼手胝足的努力開墾耕耘，生活才逐步獲得改善。」❸，顯見源成農場的設立，跟客家人的二次移民有密切的關係。源成農場的設立，以及北部地區客家人二次到彰化平原的概況如下：「民國初年，日本三五公司，勾結日本政府，在二林鎮，竹塘鄉內的幾個村、里，強制蒐購良田三千公頃，成立源成農場。當地農民，不甘土地被強制蒐購後，由地主變佃農，紛紛外遷。日本人為了找耕田的勞工，特地遠從新竹、苗栗一帶請來客家人，不僅蓋房子讓他們住，也贈送牛隻、犁具等等，但畢竟還是佃農。當然也允許客家人興建醒靈宮，以祭祀關聖帝君。」❹。

面積廣達三千公頃的源成農場，所涵蓋的範圍又到那裡呢？到底有多少客家人因而搬遷到這裡來呢？

實地訪查的結果，發現當地所稱的七界內，正是日本時代的源成農場，總共包含了竹塘、二林以及埤頭三鄉鎮境內的七個村庄，這七個村分別是二村鎮的犁頭厝、後厝、田厝；二林竹塘交界的洲子、巷子溝，以及埤頭鄉境內的竹圍、十戶子。根據醒靈宮主任委員鍾元發表示：日本時代自願或者被騙到這裡來的客家人，最多曾經多達一、二萬人，主要是招墾初期，日本人提供相當好的優惠措

---

❸　同註❺。

❹　魏金絨：〈醒靈宮後萬善祠簡介〉，《竹塘醒靈宮慶安福醮紀念誌》，1992年，頁58-59。

施，從本地童謠可以說明當時的概況：「深耕保，分牛牯和傢伙，鍋頭鍋鑊一蓋好，剩下輔娘自家討。」意思是指，移民來這裡，除了老婆要自己娶之外，其他的衣、食、住、行，日本三五公司都有安排。但到了後來，狀況就不一樣了，加上有些人還是無法適應這裡的生活，於是就有部分人遷回到老家去了。

目前定居在七界內的客家人，大約還有不到一萬人，他們自己建構成一個方言島，日常生活中，客家語仍是主要的語言，而且海陸腔、四縣腔以及饒平腔都共同存在，實在是研究客家話的最佳地點。

日常生活，他們也過得非常客家化，糍粑、醃瓜、醬茱、酸茱湯，仍然是宴客的主角。信仰中心則是醒靈宮，這座廟除了主祀三恩主，更在一九七三年建有奉祀孔子的大成殿，而成爲文武醒靈宮，並且每年在農曆的十一月初四日舉行隆重的客家祭孔大典，到了一九九一年，才改在教師節舉行，儀式的由來，根據廟方的說法是沿襲自竹苗地區的客家習俗，儀式也簡單的用北管合奏，以進行三獻之禮，然而每一年祭祀，彰化縣長都會應邀出席，可見當地的客家人，還是有一定的力量。

醒靈宮側，另有一座宏偉高大的惜字亭，建於一九五二年，由謝乾拔、黎阿連、徐清煥、莊慶賢、陳見發、羅文炳等人倡議，目的則爲遵崇客家人自古「惜字敬聖」的精神，後來卻因經費的問題，一直拖到一九五五年才完工。惜字亭是專供焚燒有字的紙而設的，固定的時間，主事者還要清理紙灰，由讀書人抬到河邊或海邊流放，謂之「送聖蹟」，醒靈宮的惜字亭建成之後，也曾有過三次送聖蹟的儀式，最近的一次是在一九九〇年舉行，顯然客家惜字的風俗，

一直流傳到今天。

歷史與事實的差距

自古以來，幾乎所有民族的歷史，都是被統治者或強勢民族解釋的。客家人當然可以自我膨漲地吹噓族群的「偉大」或者重要性，然而統治者卻幾乎都是「利用歷史美化自己，而不能利用時，就要人民歷史的創傷，但人民的記憶已是傷痕的歷史」❺❺。

在彰化平原的客家拓墾史中，其實就是一個最赤裸裸的例子：歷史文獻所有的記述，都只是爲了完整建構統治者所需要的歷史而寫的，自然不會以那一個族群爲主角。於是，今天我們只能在殘缺的史料中，拼湊出可能的歷史原貌，如果我們就以歷史留下的資料，或者純粹以客家人自我膨漲的史觀來看台灣客家，尤其是某些被稀釋、被同化的客家地區，不僅無法看到客家的原始風貌，甚至還經常會被誤以爲客家是不存在的。

歷史當然是被解釋的，任何人都可以用不同的態度，建構或者虛構眞實或者不眞實的歷史，然而事實卻是永遠存在的，要如何發現歷史與事實的差距，也就只有靠務實的田野調查了。

在彰化平原尋訪客家人，我們看到歷史的混沌與現實的豐富。換句話說，文獻資料的匱乏，並不表示田野資料也是如此，往往反倒是豐富而多元的，要如何看清文獻資料與田野資料的距離，正是許多研究者亟需突破的困難與問題。

---

❺❺　許達然：〈以人民的立場解釋台灣歷史〉，《台灣人的歷史與意識》，高雄：敦理出版社，1988，頁1-2。

　　想要確認文獻資料與田野資料的距離，甚至進一步縮短它們，唯一的方法也只有確實而有效的進行田野調查了。❺❻

---

❺❻　本文的完成，要特別感謝英國倫敦大學大學學院博士研究生陳逸君提供寶貴的修改意見，及小女劉於晴協助打字。

評　論

陳運棟

　　我是現任的國大代表，在評論之前，我想請求主持人時間給我
長一點。因為我過去也常常參加這種學術研討會，最近十年因為搞
政治運動，已較少參加。剛才劉還月先生說李登輝總統從來沒有承
認他自己是客家人，今天早上他到苗栗去巡視，在竹南農會樓上當
著許多父老的面前他就承認自己是客家人；因為我們國大代表送了
他一箱客家人的茶包，他很高興，他說他本來就是客家人；這是第
二次。第一次是在內閣改組時，他找了立法委員去，徐成焜委員提
意見說內閣的閣員客家人太少，他衝口一出就說我就是客家人，總
統都客家人做了你還要什麼？我想做為一個評論人，我與劉還月先
生的觀點或許不一樣，尤其對「客家人」的觀點會有所不一樣，也
就因為觀點的不同，所以他才請我當評論人。我好朋友劉還月先生
我想還是先做一個介紹。

　　他是一個很傑出的民間學者，是常民文化協會的理事長。十年
前我跟他在三台雜誌同事過，後來在台原出版社，他一直擔任總編
輯，對台灣民間民俗的研究以及平埔族的研究透過他很踏實的、很
實在的田野工作有很高的成就。我想今天他寫的這篇論文一共有兩
萬一千多字，他是一個記者出身，所以他的報導文學寫得很好，也
得到好幾次獎，是一個很傑出的報導文學家。所以他這篇論文在架
構上，分為十個段落：1.客家是什麼、2.台灣的客家移民、3.歷史

上的客家角色、 4.空白的台灣客家歷史、 5.日本時代的初次面對、
6.彰化平原的田野初探、 7.不同系統的三山國王、 8.隱沒在鄉野間
的福佬客、 9.島內的客家孤島、10.歷史與事實的差距。那麼當一個
報導文學來看非常好,但是當一個學術論文來講恐怕必須要整理一
下,不然的話有很多的資料,如果以報導文學的方式一直寫下去,
他再寫一本可能不夠,兩本、三本都可以寫下去。所以如果是一個
學術論文的話,我想建議他〈客家是什麼〉可以當前言,二到五可
以說是文獻上所記載的客家人,六到七應該算是他在彰化平原的調
查從民間信仰的觀點以夾敘夾議的方式做詳盡的報告,最後一段是
〈歷史與事實的差距〉這主要是一個結論。對這篇文章的介紹,剛
才他是針對客家的問題提報告比較多。

　　他主題有三個,我自己的一個解讀。第一個他說文獻與田野的
距離要如何才能縮短,他當初想要藉田野報告提出解釋,他的結論
認為惟一的方法是透過確實而有效的田野調查才可以解決。第二個
主題他期盼客家人拋去長久以來虛構的圖騰以及自我膨脹的主觀意
識,勇敢面對真實的歷史並且重新找尋客家族群比較踏實的地位。
我想這個觀點我不反對,而且對一個客家研究者來說是具有提醒警
誡的作用。第三點主題他特別談到所謂史觀的問題,他說應該有人
民的史觀,就是剛才曹永和教授所提的人民為頭家的看法,我不反
對。他的一個說法:台灣的歷史都是統治者為其政權做最佳的詮釋
而已,根本沒有人民的歷史,想要看人民鮮活的圖象只有進入田野
現場,我想這個觀點以研究歷史的立場來說是可以接受。那麼在這
一篇論文裡面,我看了一下有許多值得讚揚的地方。第一個,田野
調查本來是人類學的方法,人類學的研究對象本來是原始社會,它

沒有文字記錄，只能靠田野調查。田野調查很重要的一個特點：參與觀察，不只觀察，還要參與。你要住在所調查的社區裡面，融入他的生活裡面，才能找到資料，這是它一個很大的特性。

除了這個以外，做田野調查的人要把握田野調查的幾個特性。第一個特性是社會性與多元性，我想劉還月先生把握得很好；他實際上做這個工作是台灣省文獻會要編纂《台灣客家族群史》所做的田野調查的部分報告。我原來負責這部書的墾殖的部分，因為我個人忙無法作一個實在的田野調查，所以由劉先生代勞撰寫。在二十年前我寫了一本《客家人》，現在這本書全世界很風行，因為羅香林先生過世了，就由我這個無名小卒充當客家研究的先鋒；山中無老虎嘛，猴子升大王。尤其大陸學者常常拿我這本《客家人》當做經典之作，實際上，我這本書在二十年出版，是完全根據文獻資料來寫的，所以當然會和劉先生的觀點不一樣，他從鮮活的一個田野資料來看，他所看到的客家現象跟我從文獻資料、有限的資料裡面所整理出來的當然有差距。不過他把握得很好。第二個是文化性與生活性。我想這個對研究客家的人或是研究歷史的人很重要，不要再從所謂的民族中心主義、血統來論族群，應該從文化、生活。那麼，他從田野上注意到這一點也是一個很重要的一點。第三點是歷史性與現實性。他的田野調查從現代所看到的彰化平原出發，但是歷史的因素，年代是很重要的關鍵。現況的往上推，恐怕年代上要做一個區隔，所以我想他的田野調查裡面如果加上年代的因素，變化性一定很大。我想劉還月先生對台灣研究最大的貢獻就是他的實踐性與探索性。他對台灣民俗的研究、對民間信仰的研究，可以說幾乎已踏遍全台灣各角落，對西拉雅民族、平埔族的研究也一樣。

他的實踐性與探索性值得讚揚。最後一項是艱苦性與變化性。田野調查是很艱苦的，你沒有辦法克服痛苦的話，一定毫無成就，尤其這一次我們編《台灣客家族群史》所面臨的情形，跟我二十年前寫《客家人》這本書所掌握的資料來與二十年後政府機關文獻資料所掌握的一樣，沒有進步。我們看大陸，大陸對客家的研究有六百個人在那從事。那麼它對各鄉鎮的客家人口，廣東省一千六百萬人它作出來了。我們台灣那幾個鄉鎮曾經住過客家人到現在還是不曉得，這個工作要由誰來做?不應該由劉還月先生做，也不應由那一個學術單位來做，政府該做。政府所做的國勢調查就是一般所謂的戶口普查，加一項族群調查不是解決了嗎？過去那種會造成分裂的疑慮是多餘的。我想另外講田野調查，田野調查有幾個類別。劉還月先生是他的實踐性與探索性值得肯定，但恐怕往前的話要注意：第一個是自觀與他觀。自觀是你站在被研究者的立場來看的一個現象；他觀是站在一個研究者或者其它族群的觀點來看。那麼現在他站在客家人的立場來看，是不是可以以他觀的方法，在田野調查裡注意一下。另外一個是宏觀與微觀，宏觀是大範圍的，微觀是小範圍做深入的研究。他是走宏觀方面來看，如探討客家人曾經分布在那裡等是。但是不是也可以採用微觀的方法，如剛才他提到族譜研究就是一種微觀的家族史研究。其次是社區與個案。社區的研究是他做的，是不是可以做個案的研究，可不可以考慮這個問題。

那麼另外田野調查有所謂定性與定量，所謂的量化、社會科學的量化。他所做的都是定性，有沒有辦法做量化的分析。材料拿來了，我們如果用定性，它的性質在哪裡？大抵的趨向以外，是不是讓它量化？這些都是可以考慮的。那麼另外一個是這個專題和普遍

調查的一個問題。這一方面都可以讓我們做一個考慮。至於他剛才提到這個客家研究，我想關於論文的一個意見部分我就提這一些，因為他的題目是田野調查與文獻資料的差距，必然有差距，絕對有差距，我想這個不只客家史料研究、台灣史研究，你盡信書不如無書，是必然的。文獻資料有限，這個才要研究，所以我想這是論文的部分。至於客家研究的問題，他提到客家人因為他要建立巨大的客家精神的圖騰，那麼這個圖騰它有三大心理建設，他剛剛提到但沒有說明；這三大心理建設，我想提一點，因為時間有限，佔很多時間也不好再多作說明。

第一要指出的是，這個不是客家人自己提出來的。羅香林先生的《客家研究導論》以後，所有客家研究者都是繼承了這個外國傳教士對客家人的這種論點。研究客家人的開端，羅香林的《客家研究導論》裡提到了是由於本地人講廣府話的那一系列的人將客家人當成禽獸，所以客家人開始反駁，結果這個時候看到很多傳教士的研究報告都對客家人說他是漢民族的精華。他所提的這個意見，在此我想要跟劉還月先生討論一下。他提到美國的教士George Comebell，這個George　Comebell最早的一篇是在1912年在China Recorder的18卷裡他有一篇Origin and Migration of the Hakka，這個原文所有客家研究者，包含羅香林先生、日本一橋大學的Nakagawa　Manabu客家研究者中川學，以及客家話的研究者橋本龍太郎等都沒有看過。那麼羅香林先生所見到，他是說在1923年由梅縣的鍾魯齋先生所翻譯的，是刊在《嘉應》的第一卷第三期。那麼中川學教授他看到的是1951年在馬來西亞霹靂客屬公會紀念特刊由梅縣的黎弼辰先生所翻譯的《客家之源流及遷移》。中川博士他特

別把George的結論也在戴國煇先生,他有一篇有關華僑與客家的專著,在那裡面有一篇中川博士的文章,這個文章裡面他的結論跟劉還月先生引用的完全相反。劉還月先生引用George的論說說George說客家人是雜種、是南移的漢人和一些邊疆民族混血的後裔。但是我也沒有看過George的文章,原文沒看過,翻譯的也沒看過,我看過的是中川博士的文章引用的。他文章的結論寫得是完全不一樣的。他這篇所寫的"客家確實是中國之一種,極殊而強有力之民族。其源流及移民皆可以見其世族之尊重及軍隊之精神而足以自豪。確可預言,客家將增加其重要部分於其進展中,而提高中華之人民"這個是George的結論。中川的文章裡有提到,跟劉還月先生不同,而且前面他還提到George是說當地、本地人把客家人看成南移的漢人和苗、傜等這個原住民的雜種,在這個反駁的前提下,他認爲客家人是漢族的,所以以後的客家研究者都繼承這個論點,所以造成劉還月先生所指出來的不同的論點。很臭屁,真的很臭屁。他提到這個三個精神,不斷傳揚客家精神,我想這個客家精神,傳揚也好,怎樣也好,客家族群有它一個特殊的文化是沒有錯的,強調客家人勤敏的特色。那麼牽強附會的認同感,尤其我非常反對牽強附會的認同感。他上述客家人還沒有成立之前,好像唐朝的郭子儀那些人、文天祥都是客家人、朱熹也是客家人。我講一個簡單的。當朱高正要競選省長,在立法院掛了電話給我,他說陳代表拜託你一件事,我說什麼事。你給寫一篇文章,你是客家人的泰斗,寫一篇文章說朱熹是客家人,我敬謝不敏。我說我不做,我沒有確切的證據。他要拿這個來騙客家人的選票,所以他一直由他的助理要我寫這個,我不做。這個就是沒有必要的認同感。李登輝總統是客家人也好,

甚至大陸說毛澤東是客家人也好，這些都不重要，重要的是今天我們不要從血統上來討論客家的問題，應從文化上來。所以我鄭重在這裡跟各位宣示一下，我以前是繼承羅香林先生研究的路線，我把客家當做一個民系，那是純粹從血統來的。不對，應該站在我現在所謂的族群，族群是從文化面來看這群人，它是可以變的，所以族群理論是現代人類學可以採取的。我想剩下的因爲時間也佔用很多，無法暢所欲言，各位有問題，我們下面時間再來討論。謝謝各位。

國家圖書館出版品預行編目資料

史學與文獻

／東吳大學歷史學系主編. --初版. --臺北市：
臺灣學生；1998[民87]
　面；　公分

ISBN 957-15-0872-1 (精裝)
ISBN 957-15-0873-X (平裝)

1.史學－論文，講詞等

607　　　　　　　　　　　　　　　　　　87000896

史學與文獻（全一冊）

主編者：東吳大學歷史學系
出版者：臺灣學生書局
發行人：孫　善　治
發行所：臺灣學生書局
　臺北市和平東路一段一九八號
　郵政劃撥帳號〇〇〇二四六六八號
　電話：二三六三四一五六
　傳真：二三六三六三三四

本書局登記證字號：行政院新聞局局版北市業字第玖捌壹號

印刷所：宏輝彩色印刷公司
地址：中和市永和路三六三巷四二號
電話：二二二六八八五三

西元一九九八年三月初版

定價　精裝新臺幣三〇〇元
　　　平裝新臺幣二三〇元

60107

ISBN 957-15-0872-1（精裝）
ISBN 957-15-0873-X（平裝）